Die
GEHEIMSTEN
Orte der Welt

Petra Bachmann

arsEdition

Inhalt

Einleitung

TOP SECRET

Sich verstecken, etwas verbergen, verschleiern, unerkannt bleiben – dafür haben Menschen seit jeher Orte aufgesucht oder erschaffen, die unauffindbar sein sollten oder es für sehr lange Zeit waren. Dabei dienen solche geheimen Orte ganz unterschiedlichen Zwecken: Sie werden errichtet, um Feinden zu entgehen, aber auch, um sich in aller Ruhe auf Angreifer vorzubereiten. Manche sind Treffpunkte für Spione, die nicht enttarnt werden sollen, oder Wissenschaftler, die mit gefährlichen Stoffen arbeiten. Andere halten Vorräte für schlechte Zeiten bereit, die nicht vorzeitig geplündert werden dürfen, sowie Daten oder wichtige Schriften, die nicht in falsche Hände geraten sollen. Geheime Orte können aber auch aus einst belebten Städten entstehen, die wegen eines Unglücks unbewohnbar sind, oder weil eine Regierung beschließt, diesen Ort auszuradieren. Einige Orte sind nur einem ausgewählten Kreis von Menschen zugänglich, meist solchen mit hohem Rang in Politik oder Religion, und die äußerst verschwiegen sind. Menschen mit großer Macht oder viel Ehrgeiz können auch Orte »erfinden«, deren Geheimnis ist dann, dass sie gar nicht wirklich existieren. Es gibt vergessene Orte und solche, die zufällig entdeckt werden, hinter der eigenen Zimmerwand oder im Garten. Wer weiß, vielleicht liegt ja einer der geheimsten Orte ganz in deiner Nähe?

Bunkeranlagen

>> Bunkeranlagen sind wie kleine Festungen und für Notfälle gedacht: Sie sollen Menschen vor Gefahren schützen, etwa im Krieg vor Angriffen aus der Luft, aber auch vor gefährlichen Stoffen, wie Gas, oder radioaktiver Strahlung. Wurden Bunker früher aus dicken Steinen gebaut, bestehen sie inzwischen oft aus Stahlbeton. Zwar gibt es Bunker über der Erde, die meisten wurden jedoch unterirdisch – in alten Tunneln oder im Inneren eines Berges – angelegt und galten als »topsecret«.

Diese Geheimbunker sind perfekt getarnt und waren als Überlebensraum für Regierung und Militär eines Landes gedacht. In Ausnahmesituationen hätten sie von dort aus weiter die Kontrolle gehabt. Bunker wurden auch wie riesige Tresore genutzt, um zum Beispiel Geld zu lagern. Inzwischen sind einige der einst versteckten Schutzräume öffentlich zugänglich.

Regierungsbunker Bonn

Ein harmlos aussehender Weinberg, zwei Eisenbahntunnel, ein paar unscheinbare, fast langweilige Gebäude in einer schönen Landschaft im Ahrtal: Wer hätte gedacht, dass sie einen 17,3 km langen Bunker verbergen? Die Anlage wurde unter strengster Geheimhaltung 1960–1972 in Zeiten des Kalten Krieges gebaut. Im Fall eines Atomschlags hätten dort 3000 Menschen 30 Tage in mehr als 1800 unterirdischen Räumen überleben können. Gedacht war sie für Politiker und ihre Mitarbeiter aus der nahen Bundeshauptstadt Bonn. Nach dem Fall der Mauer 1989 wurde der Bunker ab 1997 nach und nach abgerissen. Nur ein kleiner Teil blieb erhalten und ist seit 2008 als Museum für Besucher zugänglich.

Bohren und Sprengen

Sie dienten schon der Pilzzucht, als Lager für Zwangsarbeiter, dem Raketenbau und dem Schutz vor Bombenangriffen: Zwei alte, insgesamt 2635 m lange Eisenbahntunnel aus dem Ersten Weltkrieg wurden von Bergarbeitern um weitere Stollen erweitert. Sie bohrten und sprengten sich durch Schiefergestein und erschufen 110 m unter dem Fels die Bunkeranlagen Ost und West mit einem Verbindungsgang, der 60 m unter der Erde lag.

Dokumentationsstätte

Der Bau des Regierungsbunkers kostete ungefähr drei Milliarden DM, was ihn zum teuersten Bauwerk der BRD machte. Der Abriss hätte ebenfalls ein Vermögen verschlungen. Es war für den Bund billiger, den Bunker in ein Museum umzuwandeln. Seit Februar 2008 erhalten Besucher in der Dokumentationsstätte Regierungsbunker Einblick in den einst geheimen Ort. Und erfahren: Bei einem Atomangriff wäre er zusammengebrochen.

Der V-Fall

25 t schwere Rolltore aus Stahl und Beton, die als atombombensicher galten, sollten die Anlage nach außen hin abschirmen. Sie besaß eine eigene Trinkwasser-, Frischluft- und Stromversorgung, mehrere Küchen, ein Lazarett, eine Zahnarztpraxis und sogar einen Friseursalon. Im V-Fall sollten die Politiker und ihre Mitarbeiter Deutschland von hier aus weiterregieren und der Bundeswehr Befehle erteilen können. »V« steht für Verteidigung und meint den

unabwendbaren (Atom-)Waffenangriff auf Deutschland. Die Regierungsvertreter hätten sich in dem Bunker Mehrbettzimmer teilen müssen – nur für Bundespräsident und Bundeskanzler standen Einzelzimmer bereit.

Geheime Operationen

Alle zwei Jahre fanden in dem Bunker verdeckte Übungen statt. Soldaten der NATO verschanzten sich dort 30 Tage, ohne Kontakt zur Außenwelt zu haben. Nachgespielt wurde auch, wie eine Notregierung mit 22 Mitgliedern von der Anlage aus das Land geführt hätte – mit dabei ein Übungs-Bundespräsident und -Bundeskanzler. Daran, den

»Perle« lautete der Tarnname des ab 1978 DDR-Regierungsbunkers in Prenden bei Berlin. In 170 Räumen hätten bis zu 400 Menschen Platz gehabt.

STRICT CONFIDENCE

Bunker über Jahrzehnte hinweg einsatzbereit zu halten, arbeiteten 180 Menschen im Schichtbetrieb. Sie kamen aus der Region und durften niemandem von ihrer verborgenen Tätigkeit erzählen.

Führungsanlage K20

Die meisten Schutzräume weltweit hat die Schweiz: Auf 7 Mio. Einwohner kommen 270 000 Bunker. Sie verteilen sich auf die Keller von Privathäusern, Schulen und Krankenhäusern. Lange geheim war, wo sich der Schweizer Bundesratsbunker befindet. Die sogenannte Führungsanlage K20 sollte bei atomarer, biologischer oder chemischer Bedrohung Schweizer Politiker aufnehmen. Wie mittlerweile bekannt ist, wurde der Bunker ab Ende der 1980er-Jahre im Bergdorf Kandersteg im Kanton Bern in den Fels getrieben. Er soll so groß sein wie ein mittleres Hochhaus und könnte mehrere Hundert Menschen für ein halbes Jahr beherbergen. Die Baukosten lagen bei rund 300 Mio. Franken, in anderen Schweizer Kantonen soll es weitere 18 ähnliche Bauten geben.

Viel Schutt

Bauarbeiten, auch an einem Geheimbunker, lassen sich nur schwer verheimlichen. Und so fragten die Einwohner von Kandersteg irgendwann bei den Behörden an, warum im Berg Sprengungen zu hören waren, es plötzlich zu mehreren Felsstürzen kam und riesige Mengen Schutt von LKW abtransportiert wurden. Sie erfuhren, dass eine »militärische Anlage« errichtet würde.

Stückwerk

Am Ausbau der Anlage waren Menschen aus verschiedenen Ländern, aber nur ganz wenige aus der Region beteiligt und die Arbeiter wurden ständig ausgewechselt. Die Ingenieure erstellten Teilpläne, die jeweils für die nächsten 14 Tage vorgaben, wo und wie weiterzumachen war. Auch Fluchtwege wurden mit eingeplant: Sie verlaufen vermutlich über einen bereits vorhandenen Eisenbahntunnel.

Fotografieren verboten!

Nur wenige Menschen – Sicherheitspolitiker und Militärangehörige – haben die Anlage bisher von innen gesehen. Der Zugang, so erzählen sie, wird über einen Iris-Scan und durch die zusätzliche Eingabe eines PIN-Codes, eine Zahlen- und/oder Buchstabenkombination, gewährt. Handys, Kameras und Notebooks, mit denen Aufnahmen gemacht werden könnten, müssen am Eingang abgegeben werden. Eine unterirdische Bahn fährt innerhalb von fünf Minuten ins Zentrum des »K20«. Dort soll es ein Radio- und Fernsehstudio sowie Wohnräume für die Führungsriege geben.

Der Stalin-Bunker, der 1942 gebaut, aber nie genutzt wurde, ist mit 37 m der tiefste Bunker der Welt!

Geheimnis ade

Journalisten, die vor Jahren den Standort von zwei anderen geheimen Bunkern preisgaben, wurden noch verhört und vor ein Militärgericht gestellt. 2008 veröffentlichten zwei deutsche Reporter, wo »K20« zu finden ist. Die Schweizer Regierung erklärte daraufhin, da die Bedrohung durch einen Atomkrieg abgenommen hätte, könnte die Anlage nun in anderen Katastrophenfällen Schutz bieten oder anders genutzt werden. Geheimhaltung sei kaum mehr sinnvoll.

Iris-Erkennung

Die Iris, auch Regenbogenhaut genannt, umgibt die schwarze Pupille des Auges. Der vordere Teil, das Stroma, ist farbig und kann blau, braun, grün, grau in verschiedenen Abstufungen und Mischungen sein. Ihre Struktur ist bei jedem Menschen einzigartig – selbst bei eineiigen Zwillingen unterscheidet sie sich. Mit einem Iris-Scanner wird ein Bild der Iris eines Menschen aufgenommen und zur Wiedererkennung dieser Person genutzt. Diese Methode ist viel schneller und zuverlässiger als der Vergleich von Fingerabdrücken, Gesichtern oder Stimmen.

Bundesbankbunker Cochem

Gutbürgerlich

Ein Grundstück an einem Berghang in einer ruhigen Wohngegend, zwei unauffällige Wohnhäuser – ein Schulungsheim der Deutschen Bank – mit angeschlossener Doppelgarage: Kein Mensch in Cond, einem Stadtteil von Cochem, ahnte, dass sie auf einem streng geheimen Atombunker standen. Er war über den Keller der Gebäude und durch die Garagen zugänglich. In ihm lagerte in Säcken und Kartons die »Umlaufserie BBk II«, heimlich gedrucktes Ersatzgeld.

Ein Staat kann auch durch die Entwertung seiner Währung zusammenbrechen, etwa wenn sehr viel Falschgeld in Umlauf kommt. Das befürchtete die Deutsche Bundesbank in den 1960er-Jahren, als West und Ost sich noch feindlich gegenüberstanden. Die Lösung: eine Notstandswährung – also Geld, das die Fälschungen ersetzt hätte. Ersatzscheine im Wert von 29 Milliarden Mark wurden gedruckt, mussten aber auch irgendwo gelagert werden. So entstand zwischen 1962 und 1964 in Cochem an der Mosel 30 m unter der Erde ein 1500 m² großer Atombunker mit 300 m Tunnel, der eigentlich eine riesige Schatzkammer war.

TOP SECRET

Notfallwährung

Von 1963 bis 1974 wurde das Ersatzgeld »BBk II« von der Bundesdruckerei in Berlin und einer privaten Banknotendruckerei in München hergestellt. Es gab nur 10-, 20-, 50- und 100-Mark-Scheine, ihr Gesamtwert betrug 29 Milliarden Mark – in Friedenszeiten war es allerdings wertlos. Rund eine Hälfte befand sich in Cochem, die andere im Bundesbanktresor in Frankfurt. 1988 landeten alle Reservebanknoten im Reißwolf.

10

Hochempfindlich

Die bis zu 4 m dicken Türen des Bundesbanktresors Cochem waren mit Geräten gesichert, die auf feinste Erschütterungen und Geräusche reagierten. Bei einem Alarm wäre automatisch die Ortspolizei angerückt, die aber gar nicht wusste, was sich im Bunker befand. Zweimal im Jahr kontrollierten Bankprüfer aus

Dekontamination

So wird der Vorgang genannt, bei dem – meist in einem geschlossenen Dekontaminationsraum – Menschen und Dinge von gefährlichen radioaktiven, biologischen oder chemischen Stoffen gereinigt werden. In manchen Fällen geht das nur mit anderen Chemikalien, oft reicht aber Wasser aus, selbst um Radioaktivität zu verringern. Es bleibt das Problem, wie man die Reinigungsmittel, aber auch Kleidung oder andere verseuchte Gegenstände entsorgt: Feste Stoffe werden meist verbrannt, Wasser verdampft und alle Reste in Fässer verpackt tief unter der Erde endgelagert – denn manches Gift und Atommüll bleiben sehr lange äußerst gefährlich.

Frankfurt die Geldbestände. Nur sie besaßen die Schlüssel und Zahlenschloss-Kombination, um in den Tresor zu gelangen.

Bestens ausgestattet

Im Fall eines Atomschlags hätten in dem Bunker 175 Menschen 14 Tage überleben können. Neben Schlaf- und Arbeitsräumen sowie einer Küche und einem Dekontaminationsraum war ein Funkraum für den Kontakt mit der Außenwelt eingerichtet worden. Tiefbrunnen sollten die Trinkwasserversorgung sicherstellen, ein Dieselmotor Elektrizität erzeugen und Sandfilter die Luft reinigen. Heute kann der Bundesbankbunker bei einer Führung besichtigt werden und aus den »Tarnhäusern« ist ein Hotel geworden.

Dekon-Stelle

Militärstütz-punkte

>> Zur Verteidigung eines Landes dient das Militär. Soldaten, Waffen, wie Bomben, Raketen oder Drohnen, und Kriegsgerät, wie Flugzeuge, Schiffe, U-Boote und Panzer, werden dazu auf einem komplett abgeriegelten Gelände oder in einem nicht frei zugänglichen Hafen stationiert. Die Lage einiger Militärbasen ist bekannt, bei anderen wird sie streng geheim gehalten. Sie können sich sowohl im eigenen Land, aber auch im Ausland befinden. Zutritt hat nur, wer sich als vorher sorgfältig geprüfter Mitarbeiter ausweisen kann. Es gilt, Terroristen und Spione sowie auch die eigene Bevölkerung von diesen Sperrgebieten fernzuhalten. Denn oft werden dort neue tödliche Waffensysteme entwickelt und getestet, die nicht in falsche Hände geraten sollen. Andere Militärstützpunkte dienen als Kommandozentralen für weltweite Kriegsführung oder als Gefangenenlager.

Faslane-on-Clyde

Der geheimste Militärstützpunkt der Briten liegt in Schottland: Ein Fjord in Faslane-on-Clyde ist Basis der Royal Navy, der Kriegsmarine des Vereinigten Königreichs. Vier Atom-U-Boote der sogenannten Vanguard-Klasse sind dort stationiert. Sie können Atomraketen abfeuern, etwa Trident-Raketen mit Nuklearsprengköpfen, die in den USA entwickelt wurden. 58 davon lagern in der nahe gelegenen Marinebasis Coulport. Auch Jagd- und Angriffs-U-Boote haben in Faslane ihren Heimathafen oder laufen die Basis für Wartungs- und Reparaturarbeiten an. Im März 2009 wurde bekannt, dass der Kartendienst Google Earth das Gelände mit vielen Einzelheiten zeigt. Nach wie vor haben Unbefugte aber keinen Zutritt!

Im Juli 2016 beschloss das britische Parlament die Modernisierung seiner Atom-U-Boot-Flotte für 48 Milliarden Euro!

Atomare Abschreckung

Seit 1969 unterhält Großbritannien eine U-Boot-Flotte mit nuklearen Waffen. In Zeiten des Kalten Krieges diente sie zur Abschreckung vor allem gegenüber der Sowjetunion. Jeweils eines der Boote befindet sich ständig auf hoher See. Bei einem Angriff könnte umgehend zum Vergeltungsschlag ausgeholt werden – Anweisungen dazu finden sich in einem geheimen Brief an Bord eines jeden der vier Atom-U-Boote.

Faslane 365

Seit Jahrzehnten protestieren Kriegsgegner rund um die Militärbasis für die Abschaffung von Atomwaffen. Vom 1. Oktober 2006 bis 1. Oktober 2007 fand mit Faslane 365 ein einjähriger Protest statt. Dabei versuchte das Greenpeace-Schiff »Arctic Sunrise« in die geschützten Gewässer des Militärhafens einzudringen. Eine Sonderpolizei des Verteidigungsministeriums stoppte die Aktion, nahm 50 Personen fest und beschlagnahmte für kurze Zeit das Schiff.

Letzte Anweisungen

»Letters of Last Resort« heißen vier Briefe, in denen der jeweilige amtierende Premierminister des Vereinigten Königreichs handschriftlich festlegt, ob im Fall eines Atomkriegs und nach Ausschaltung der Regierung zum Gegenschlag ausgeholt werden soll. Sie befinden sich unter Verschluss an Bord der Atom-U-Boote. Bei Amtsantritt schreibt der/die jeweilige Premierminister/in neue Instruktionen, die alten werden ungelesen vernichtet. Weltweit gibt es keine andere Atommacht, die eine solche Vorkehrung getroffen hat.

CLASSIFIED

Ramstein

größte Militärflughafen der USA in Europa. Im Laufe der Geschichte hatte sie verschiedene Aufgaben: Über sie wird der Lufttransport von US-Streitkräften und Ausrüstung abgewickelt sowie verletzte Soldaten aus Kampfgebieten eingeflogen, die in einem nahe gelegenen Krankenhaus versorgt werden. Bis 2005 lagerten auf der Basis Atomwaffen, seit 2011 spielt sie eine wichtige Rolle im weltweiten Drohnenkrieg der USA und soll an der gesetzwidrigen Entführung von Terrorverdächtigen beteiligt sein.

Einige Großmächte betreiben Militärstützpunkte an verschiedenen Orten auf der Welt – meist in befreundeten »Gastgeberländern«. Die Ramstein Air Base, etwa 10 km westlich von Kaiserslautern, Rheinland-Pfalz, ist der

Riesiger Umschlagplatz

Herzstück der Luftwaffenbasis sind zwei Start- und Landebahnen, auf denen täglich riesige Frachtflugzeuge wie die C-5 Galaxy und C-17 Globemaster Zwischenstopps einlegen. Ungefähr 15 verschiedene Kampfoperationen werden von Ramstein aus unterhalten, das heißt, mit allem versorgt, was für einen Einsatz notwendig ist. Aber auch Maschinen, die Geheimeinsätze in Afrika fliegen, sollen dort stationiert sein.

Klein-Amerika

Die Ramstein Air Base beschäftigt 35 000 Militärangehörige, darunter 7500 Piloten, und 6000 Zivilisten. Rund um die Anlage sind insgesamt 57 000 Amerikaner zu Hause. Ihr Leben spielt sich in eigenen Wohnsiedlungen, US-Einkaufscentern und -Restaurants ab, es gibt eine eigene Polizei und Feuerwehr sowie Schulen ausschließlich für Kinder der »Angestellten des amerikanischen Verteidigungsministeriums«.

14

Hyper-Tech-Zentrum

Einem riesigen Rechenzentrum gleicht die Kommandozentrale, die im Oktober 2011 auf der Air Base eröffnet wurde. Offiziell dient sie der Luftüberwachung über Europa und Afrika. Inoffiziell, und bis heute weiterhin bestritten, laufen dort über Satellit empfangene Bildinformationen von allen Kampfdrohnen zusammen und werden an Piloten in den USA weitergeleitet. Per Fernsteuerung werden dann Angriffe – z. B. in Afghanistan, Pakistan, Jemen oder Somalia – geflogen. Diese Drohneneinsätze können wiederum in Ramstein in Echtzeit auf riesigen Bildschirmen mitverfolgt werden. Ob dieses Vorgehen gegen deutsches Recht verstößt, ist bisher nicht geklärt.

Drohnen

Unbemannte Luftfahrzeuge werden als Drohnen bezeichnet. Mit kleineren Modellen schießen Hobbypiloten z. B. Fotos aus großer Höhe. In der Landwirtschaft werden sie für die Begutachtung von Schäden eingesetzt, aber auch bei Reaktorunfällen oder anderen Katastrophen; in Zukunft liefern sie vielleicht sogar Pakete aus. Größere Fluggeräte können mit Waffen ausgerüstet sein und Kampfeinsätze in Regionen fliegen, die Tausende Kilometer von ihrer Kontrollstation entfernt liegen.

Entführungsflüge

Im Kampf gegen den Terror kidnappt die CIA Verdächtige in Europa und fliegt sie zu sogenannten »Black Sites«, Geheimgefängnissen, wo sie verhört und oft auch gefoltert werden. 2003 wurde der muslimische Geistliche Abu Omar in Mailand verschleppt, mit einem Flugzeug von dort aus nach Ramstein und weiter nach Ägypten geflogen. Dies ist einer der wenigen bekannten Fälle von menschenrechtswidrigen Entführungen, die bestraft wurden: 2013 verurteilte ein italienisches Gericht mehrere Geheimdienstmitarbeiter zu Haftstrafen.

TOP SECRET

Area 51

Ein militärisches Sperrgebiet innerhalb eines militärischen Sperrgebiets – Gerüchte über ein solches Gelände gab es schon seit Jahrzehnten. Erst 2013 bestätigte der US-Geheimdienst CIA seine Existenz offiziell. Die sogenannte Area 51 liegt nordwestlich von Las Vegas, Nevada, und ist Teil des Sicherheitsbereichs Nellis Range. Zu ihm zählt auch die Nevada National Security Site (NNSS), die von 1951 bis 1992 als Testgelände für ober- und unterirdische Kernwaffenexplosionen diente. Diese Versu-che ließen sich nicht verheimlichen – die Atompilzwolken waren auch aus großer Entfernung zu sehen und die erdbebenähnlichen Erschütterungen deutlich zu spüren. Was aber spielte sich in der doppelt geschützten Area 51 ab?

WARNING
AREA 51
Restricted Area

It is unlawful to enter this area without permission of the Installation Commander.
Sec.21, International Security Act of 1950; 50 U.S.C.797

While on this installation all personnel and the property under their control are subject to search.

USE OF DEADLY FORCE AUTHORIZED
AREA 51

Landeplatz für Außerirdische?

Das rund 100 km² große Gebiet wird von Gebirgszügen eingerahmt, die gleichzeitig einen guten Sichtschutz darstellen und mittlerweile ebenfalls zum Sperrgebiet gehören. Dazwischen liegt Groom Lake, ein ausgetrockneter Salzsee, über dem immer wieder seltsame Lichterscheinungen und unbekannte Flugobjekte zu sehen waren und sind. Das reichte aus für die Vermutung, dort würden regelmäßig Außerirdische landen oder es sei zumindest eines ihrer UFOs abgestürzt, und Forscher versuchten seither, dessen Technik zu entschlüsseln, um es nachzubauen.

Hightech-Waffenschmiede

Satellitenfotos verraten: Area 51 hat mehrere kilometerlange Start- und Landebahnen sowie zahlreiche Hangars. Das Gebiet wurde ursprünglich als militärischer Luftwaffenstützpunkt eingerichtet. Auch heute noch wird in unterirdischen Laboren an der Entwicklung von Hightech- und Experimentalflugzeugen, Tarnkappen-Helikoptern sowie Spionagedrohnen gearbeitet. Aber auch der Umgang mit Flugzeugen und Panzern, die aus der UdSSR stammten, wurde dort von amerikanischen Soldaten erprobt, um den Feind besser einschätzen zu können.

Ablenkungsmanöver

Nahe Area 51 befindet sich das Dorf Rachel. Es liegt am Highway 375, der aufgrund vieler ungeklärter Leuchtphänomene auch »Extraterrestrial Highway«, Außerirdische Autobahn, genannt wird. Dort kommen Ufologen in der Hoffnung zusammen, mit eigenen Augen die Landung von Aliens zu beobachten. Was sie nicht ahnen: Mitarbeiter der Area 51 setzen gezielt Laser für Lichtshows ein, um die Aufregung um Aliens zu schüren und so von dem eigentlichen Geschehen auf dem Gelände abzulenken.

Operation Neptune's Spear

Am 2. Mai 2011 erhielt der amerikanische Geheimdienst CIA von Präsident Barack Obama den Befehl zu diesem Militäreinsatz in Pakistan. Die Einsatzkräfte spürten Top-Terrorist Osama bin Laden auf und töteten ihn. Bei der Aktion stürzte ein Helikopter ab: Wie sich herausstellte, nutzte er eine bis dahin unbekannte Tarnkappentechnik. Sie verhinderte, dass die pakistanische Luftabwehr ihn aufspüren konnte. Wahrscheinlich wurde er in Area 51 so aufgerüstet.

Guantanamo

In einer Bucht an der Südküste Kubas liegt die Guantanamo Bay Naval Base, ursprünglich ein Stützpunkt der Kriegsmarine der USA. Seit dem Anschlag auf das World Trade Center in New York im September 2001 werden Teile des hoch gesicherten Geländes als Gefangenenlager für Terrorverdächtige und Gefangene aus dem Afghanistankrieg genutzt. In den einzelnen Camps gibt es geheime Orte, in denen die Gefangenen vom amerikanischen Geheimdienst CIA verhört und, wie aus verschiedenen Berichten hervorgeht, gefoltert oder unmenschlich behandelt werden. Bei seinem Amtsantritt

US Marine Base in Guantanamo

Caimanera • Guantanamo Bay • Boqueron

Double Fence, 28 kmh long, 44 towers

Prison camp

Leeward Point Air Field

3 kmh

Florida (USA) • Miami

Key West • Havana • Atlantic

Gulf of Mexico

CUBA

Santiago de Cuba

200 kmh • Caribbean

2009 versprach US-Präsident Barack Obama Guantanamo zu schließen – was bislang nicht geschehen ist.

Sonderlager

Guantanamo befindet sich zwar in Besitz der USA, gehört aber nicht zum amerikanischen Staatsgebiet. Auf dem Gelände herrscht Militärrecht, ansonsten ist es ein weitgehend rechtsfreier Raum. Die Gefangenen gelten als »feindliche Kämpfer«, womit sie – anders als Kriegsgefangene – keinerlei Schutz haben. Anfangs wurden sie in offenen Maschendrahtkäfigen unter freiem Himmel eingesperrt, dem sogenannten Camp X-Ray, später in den größeren Lagern Camp Delta und Camp Iguana.

Buchstabiertafel

Die Namen der einzelnen Camps sind der NATO-Buchstabiertafel entnommen: Statt »D« wird »Delta« gesagt, statt »X« »X-Ray«. Normalerweise nutzt man das System, um beim Telefonieren oder im Luftverkehr schwierige Worte zu übermitteln. Indem ganze Wörter statt nur einzelne Buchstaben eines Wortes genannt werden, sollen Verwechslungen vermieden werden.

Wikileaks

So nennt sich eine Enthüllungsplattform, die seit 2006 im Internet Dokumente veröffentlicht, die von Regierungen, Nachrichtendiensten oder Unternehmen als geheim oder Verschlusssache eingestuft wurden. Die Gründer von Wikileaks sind bis auf Julian Assange nicht namentlich bekannt. Whistleblower heißen Informanten, die Wikileaks mit Geheimdateien oder -papieren versorgen. Der bekannteste von ihnen ist Edward Snowden, ein ehemaliger CIA-Mitarbeiter.

Unmenschlich

Das Internationale Komitee des Roten Kreuzes (IKRK) darf als einzige Hilfsorganisation das Gefangenenlager regelmäßig aufsuchen. Es hat schon früh von Verhörmethoden berichtet, die Folter gleichkommen. Anwälte von Inhaftierten erzählen von winzigen Isolationszellen aus Metall ohne Tageslicht, in die Menschen bis zu 22 Stunden am Stück eingesperrt sind. Die Gefangenen werden unter anderem auch durch Schläge, Schlafentzug oder Wasserfolter (Waterboarding) entwürdigt.

Geheime Akten

Aus 700 geheimen Militärdokumenten, die Wikileaks im April 2011 veröffentlichte, geht hervor, dass etwa 380 der insgesamt 779 Gefangenen von Guantanamo von der CIA als wenig gefährlich eingestuft wurden, 150 sogar als unschuldig. Trotzdem blieben die meisten von ihnen weiter eingesperrt. Es war reine Glückssache, wer frei kam. 2015 waren noch 122 Menschen in Guantanamo eingesperrt, 2017 sank die Zahl nach weiteren Freilassungen auf 41.

GITMO FILES
The Guantanamo Files

Geheimdienste

>> Fast jedes Land der Welt hat Geheim- oder Nachrichtendienste. Ihre Mitarbeiter, Agenten und Spione, sammeln im Verborgenen Informationen über andere Staaten oder Personen, die gefährlich werden könnten. Dazu nutzen sie »offene« Quellen, also Radio, Zeitungen, Fernsehen oder Internet, die jedermann zugänglich sind, sowie »verdeckte« Quellen, das können Abhöranlagen, Telefonmitschnitte, Datensammlungen oder Aufnahmen mit winzigen Kameras oder auch Spionage-Satelliten sein. Bei Gefahr warnen Geheimdienste die jeweilige Regierung, die dann Gegenmaßnahmen, z. B. gegen Terroristen, ergreift. Manchmal gehen Geheimdienste jedoch zu weit und handeln selbst kriminell.

CIA

Die Central Intelligence Agency, kurz: CIA, ist der Auslandsgeheimdienst der Vereinigten Staaten von Amerika. Sie beschafft hauptsächlich Informationen aus menschlichen Quellen, sogenannter »Human Intelligence«. Je nachdem was sie herausgefunden haben, starten Geheim- oder Doppelagenten – auf Anweisung des US-Präsidenten – dann verdeckte Operationen. Mit ihren Maßnahmen versuchen sie Einfluss auf die Politik oder das Militär bestimmter Länder zu nehmen. Bekannt werden die Operationen nur, wenn Journalisten diese aufdecken, offizielle Stellen sich einschalten oder einst unter Verschluss gehaltene Akten freigegeben werden.

Die Firma

Ihren Hauptsitz hat die CIA seit den 1950er-Jahren in Langley, Virginia, einem Vorort der amerikanischen Hauptstadt Washington. Das Gelände hat keine offizielle Adresse, und auch die Straßen, die dorthin führen, sind namenlos. CIA-Agenten nennen ihren Arbeitsplatz einfach nur »Langley« oder auch »Die Firma«. Das Hauptquartier heißt offiziell »George Bush Center for Intelligence«, benannt nach dem 41. Präsidenten der USA, von 1976 bis 1977 Direktor der CIA.

Black Sites

Auch wenn der Sitz der CIA ungefähr bekannt ist, betreibt sie unzählige geheime Orte überall auf der Welt. Die berüchtigtsten sind die »Black Sites«, Geheimgefängnisse und -lager, irgendwo auf der Welt, in Europa etwa in Polen, Rumänien und Litauen. Manche Gebäude oder Wohnungen werden nur zeitweise genutzt, um dort Verdächtige unter menschenunwürdigen Umständen zu verhören oder gar zu foltern.

Verschwinden lassen

Die CIA kann – mit Billigung des Staates – Menschen in ihre Gewalt und an einen unbekannten Ort bringen, ohne dass jemand weiß oder herausfinden kann, was mit ihnen geschehen ist. Bei diesem »Verschwindenlassen« droht den Entführten – politischen Gegnern oder vermeintlichen Terroristen – Folter und der Tod. Seit 2002 wird diese Art der Freiheitsberaubung als »Verbrechen gegen die Menschlichkeit« angesehen und kann vor den Internationalen Strafgerichtshof in Den Haag gebracht und bestraft werden.

NSA

Hauptaufgabe der National Security Agency (NSA) sind weltweite Lauschangriffe. Telefon- und Handygespräche werden abgehört, Computerdaten überwacht, entschlüsselt und ausgewertet. Dabei werden nicht mehr wie früher einzelne Verdächtige ausgespäht, sondern Informationen über alle gesammelt: Schließlich könnte jeder ein bisher noch unentdeckter Staatsfeind sein! Und nicht nur unbescholtene Bürger sind das Ziel dieses größten US-Auslandsgeheimdienstes: Auch Firmen können so still und heimlich durchleuchtet werden, was Industriespionage nicht ausschließt, sowie hochrangige Politiker, wie die deutsche Bundeskanzlerin Angela Merkel oder den französischen Staatspräsidenten François Hollande.

»Crypto City«

Das offizielle Gründungsdatum der NSA ist der 4. November 1952. Sie untersteht dem amerikanischen Verteidigungsministerium, und ihr Auftrag war von Anfang an, ausländische Nachrichtenverbindungen abzuhören. Das NSA-Hauptquartier, auch »Crypto City« genannt, liegt in Fort Meade, Maryland, 32 km nordöstlich von Washington, D.C. Das Gebäude ist mit einer Schutzschirmtechnik ausgerüstet, die elektromagnetische Signale abfängt.

Kryptologie-Museum

Frei zugänglich ist das National Cryptologic Museum, das der NSA angegliedert ist. Es beschäftigt sich mit der Geschichte der Kryptologie, wie die Wissenschaft der Entschlüsselung und Verschlüsselung von Informationen genannt wird. Es zeigt Maschinen, mit denen früher geheime Botschaften geschrieben wurden, darunter die berühmte deutsche Schlüsselmaschine Enigma aus der Zeit des Zweiten Weltkriegs.

Edward-Snowden-Platz

Edward Snowden
Amerikanischer Freiheitskämpfer
Träger des Alternativen Nobelpreises
Er opferte seine Freiheit für die Wahrheit
* 1983

Bad Aibling Station
In Bad Aibling nahe Rosenheim betrieb die NSA eine Abhörbasis. Die Anlage war Teil von Echelon, einem weltweiten Spionagenetzwerk verschiedener Nachrichtendienste. Bei ihrer Schließung 2004 wurden die Antennenanlagen dem deutschen Bundesnachrichtendienst (BND) überlassen – unter einer Bedingung: die erfassten Daten an die NSA weiterzuleiten. In einer Stunde können Kommunikationssatelliten und andere Übertragungsstrecken bis zu 23 Millionen Rohdaten erfassen.

Massenüberwachung

Im Juni 2013 übergab der ehemalige Mitarbeiter Edward Snowden rund 1,7 Millionen Topsecret-Dokumente aus dem hauseigenen Datennetz der NSA an eine britische Zeitung. Dadurch erfuhr die Öffentlichkeit von weltweiten, bisher geheimen Überwachungsprogrammen wie PRISM, mit denen ohne Wissen der Nutzer z. B. E-Mails live vom Geheimdienst mitgelesen werden können. Dabei werden die Daten großer US-Internetunternehmen wie etwa Google, Apple und Facebook genutzt.

»Freund hört mit«

Im selben Jahr wurde bekannt, dass schon seit 2002 das Handy der deutschen Bundeskanzlerin Angela

Merkel abgehört wird. Ein Geheimdokument belegt, dass ein US-Sondergericht im März 2013 der NSA sogar die Erlaubnis gab, Deutschland zu überwachen – einen befreundeten Staat der USA. Nach und nach entpuppte sich die NSA als riesige, weltumspannende Daten-Krake: Es ist fast einfacher zu fragen, wen die NSA nicht ausspioniert. Wie eng der deutsche Bundesnachrichtendienst (BND) mit der NSA zusammenarbeitet, versucht seit 2014 der NSA-Untersuchungsausschuss im Auftrag des Deutschen Bundestags zu klären.

FBI

1908 als kleine Detektei gegründet, entwickelte sich das erst ab 1934 so genannte »Federal Bureau of Investigation« (FBI) zum amerikanischen Inlandsgeheimdienst. Es untersteht dem Justizministerium der USA und hat seinen Hauptsitz in Washington, D.C. Es verfolgt als eine Art Kriminalpolizei sämtliche Verstöße gegen die Bundesgesetze, darunter Drogenhandel, Gewalt- sowie Wirtschaftsverbrechen, und bekämpft als Nachrichtendienst – oft in Undercover-Einsätzen – Terrorismus, den Einsatz von Massenvernichtungswaffen und Spionage im eigenen Land. Außerdem gibt es anderen Ermittlungsbehörden technische Unterstützung, etwa im Bereich der Cyber-Kriminalität. Was anfänglich mit 34 Agenten begann, ist inzwischen eine Organisation mit 36 000 Mitarbeitern.

Lage der Nation

Die Zentrale des FBI in Washington ist seit 1975 das J. Edgar Hoover Building, benannt nach dem Direktor, der die Behörde 1924–1972 leitete. Einige Räume können nach einem langwierigen Anmeldeverfahren und zweistündigem Sicherheitscheck am Eingang besichtigt werden.

Äußerst verdächtig!

Als »sehr suspektes Objekt« wurde ein Mann vom FBI eingestuft, der 1933 in die USA eingereist war. Bis zu seinem Tod 22 Jahre später wurde er von FBI-Agenten bespitzelt. Sie suchten auf Anweisung des damaligen FBI-Chefs J. Edgar Hoover nach Beweisen, um ihn als Verräter und Spion überführen zu können – was ihnen nicht gelang. Der Verdächtige war Nobelpreisträger und einer der berühmtesten Wissenschaftler der Welt: Albert Einstein.

Große Schlappen

Auch Geheimdienste können versagen: Erst 2001 flog der FBI-Topagent Robert Hanssen auf, der seit 1985 als Doppelagent auch für die Sowjetunion und später für Russland gearbeitet hatte. Kontakt mit dem russischen Geheimdienst KGB nahm er über »tote Briefkästen« auf. Er verbüßt nun eine lebenslange Haftstrafe in einem Hochsicherheitsgefängnis. Völlig unvorbereitet traf der Anschlag auf das World Trade Center am 11. September 2001 das FBI. Zwar gab es zahlreiche Hinweise auf einen geplanten Terrorakt, denen aber aufgrund von Schlamperei im FBI selbst und auch im Austausch mit der CIA nicht nachgegangen wurde.

Terroristenliste

Um Terrorangriffen vorzubeugen, wurde im FBI das »Terrorist Screening Center« (TSC) gegründet. Es begann damit, eine Liste mit Terrorverdächtigen zusammenzustellen, die 2013 bereits 700 000 Einträge umfasste. Auf ihr standen größtenteils Menschen mit arabischer Abstammung, verdächtig nur aufgrund ihres Namens. Diese Liste ist Grundlage auch für die »No-Fly-List«: Wer darauf vermerkt ist, darf nicht in die USA fliegen, auch nicht berühmte Sänger wie Cat Stevens. 1977 war er zum Islam übergetreten und nennt sich seither Yusuf Islam. Ihm wurde 2004 die Einreise verweigert.

Toter Briefkasten

So wird ein geheimes Versteck genannt, über das Spione unbeobachtet Kontakt aufnehmen oder Botschaften austauschen. Es kann ein künstlicher oder ausgehöhlter Stein sein, ein Astloch oder ein Mülleimer. Nur Absender und Empfänger kennen ihn. Im Internetzeitalter ist er eigentlich überflüssig geworden, es sei denn, Gegenstände sollen klammheimlich weitergegeben werden.

MI6

Eigentlich heißt der britische Auslandsgeheimdienst »Secret Intelligence Service« (SIS), allerdings ist er dank zahlreicher Spionageromane und der James-Bond-Filme besser bekannt als MI6. Das Kürzel steht für »Military Intelligence, Abteilung 6«. Der militärische Nachrichtendienst, anfangs nur für die Marine zuständig, übernahm immer mehr geheime Spionagetätigkeiten im Ausland. Obwohl die britische Regierung erst 1994 offiziell bestätigte, dass es den MI6 wirklich gibt, war die Lage seines Hauptquartiers bekannt: Auf Nachfrage chauffierten Londoner Taxifahrer ihre Passagiere an diesen »geheimen« Ort, der damals noch nahe der Waterloo Station lag.

Legoland

Die alte Zentrale des MI6 war nicht sicher, weil sie aus viel Glas bestand und sich im Erdgeschoss eine Tankstelle befand. Seit 1994 hat der Geheimdienst einen neuen Sitz: Er liegt am Südufer der Themse am Vauxhall Cross und trägt aufgrund seiner Architektur den Spitznamen »Legoland«. Seine Wände sind extraverstärkt, die Fenster dreifach verglast, viele Räume sowie Versorgungskorridore befinden sich unter der Erde und er ist mit zwei Wassergräben gesichert.

Einfach »C«

Der bekannteste Agent des Secret Service – zumindest in den Romanen von Ian Fleming und deren Verfilmung – ist James Bond. Sein Chef trägt den Codenamen »M«. Die echten Leiter des MI6 nennen sich »C«: Der erste Direktor Sir George Mansfield Smith-Cumming hatte in seiner Amtszeit 1909–1923 alle Schriftstücke, die er gelesen hatte, mit diesem Buchstaben unterzeichnet.

Geheimaktionen

Während des Ersten und Zweiten Weltkriegs waren die Spione »im Auftrag Ihrer Majestät« in der militärischen und wirtschaftlichen Aufklärung tätig. Die meisten Einsätze hatten sie vermutlich während des Kalten Krieges im Kampf gegen Agenten des russischen Geheimdienstes KGB. Dabei ging es auch darum, russische Spione zu Doppelagenten zu machen oder »umzudrehen«, aber auch Gegenspione in den eigenen Reihen auszuschalten. Woran genau der MI6 beteiligt war, ist – von einigen Operationen ausgenommen – bis heute weitgehend unbekannt.

Winzige Einblicke

2005 ging die Website des SIS an den Start. Dort wird unter anderem die Geschichte des Geheimdienstes bis 1949 aufgerollt. Woran er in jüngster Zeit beteiligt war, wird nur angedeutet: Vereitelung von geplanten Terroranschlägen, Sicherung der Olympischen Spiele in London 2012 und Zerschlagung eines Netzwerks, das Atomwaffen verkaufte.

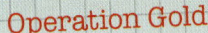

Operation Gold

Einen Abhörtunnel unter der streng bewachten Grenze hindurch nach Ost-Berlin zu graben, war Plan der »Operation Gold« in den 1950er-Jahren. Daran waren Agenten des MI6 und der CIA beteiligt. Sie hatten bereits in Wien bei der »Operation Silver« eine ähnliche Spionage-Aktion im sowjetisch besetzten Sektor durchgeführt. 1955 ging die Abhörstation in Berlin in Betrieb, flog aber durch einen britischen Doppelagenten elf Monate später auf.

Bei der »Operation Gold« wurden eine halbe Million Gespräche auf 50 000 Bändern aufgenommen.

GCHQ

Hinter dieser Abkürzung verbergen sich die »Government Communications Headquarters«, deutsch: Regierungskommunikationszentrale. Dieser britische Geheimdienst gilt als der »geheimste«, er sammelt mithilfe technischer Daten Informationen. Dazu betreibt er satellitengestützte Abhöreinrichtungen im eigenen Land sowie weltweit und arbeitet mit Diensten anderer Nationen zusammen, etwa der amerikanischen NSA. Die so erspähten Erkenntnisse sollen helfen, die zunehmenden Gefahren von Cyber-Angriffen durch Einzelpersonen oder Gruppen abzuwehren. Sitz der GCHQ ist ein streng bewachtes Gebäude in Cheltenham, im Südwesten Englands. Es wird aufgrund seiner Form »Doughnut« genannt.

Netzprofis

Dutzende Wachtposten, 2 m hohe, mit Stacheldraht bewehrte Mauern und unzählige Überwachungskameras sichern das GCHQ-Hauptquartier. Die meisten der 5000 Angestellten dort sind Computerspezialisten, denn ein Land ist inzwischen nur so sicher wie seine Computersysteme. Kriege der Zukunft haben viel mit ver- und entschlüsselten Nachrichten zu tun und spielen sich im Netz ab.

Enigma

Im Zweiten Weltkrieg verwendeten die Deutschen »Enigma«, eine berühmte Verschlüsselungsmaschine zur Erstellung geheimer Nachrichten. Sie sieht aus wie eine Schreibmaschine, allerdings werden beim Drücken der Buchstabentasten die einzelnen Buchstaben über elektrisch betriebene Walzensätze sowie weitere Verschlüsselungsmechaniken in andere Buchstaben umgewandelt. Lange Zeit galt Enigma als »unknackbar«, bis es 1940 gelang.

Schlüssel-Klau

GCHQ kann Handy-Kontakte einsehen und sogar Telefonate mithören. Das geht aus NSA-Dokumenten hervor, die der Whistleblower Edward Snowden weitergegeben hat. Der Geheimdienst soll 2010 Verschlüsselungscodes von SIM-Karten eines niederländischen Herstellers gestohlen haben, der u. a. alle deutschen Anbieter beliefert. Er brach dazu ins Computernetz dieser Firma ein und griff mehrere Millionen dieser geheimen Schlüssel ab und speicherte sie. Das bedeutet: Jeder, der eine SIM-Karte in seinem Handy hat, egal ob er verdächtig ist oder nicht, kann abgehört werden.

Das große Anzapfen

2013 versuchte das britische Verteidigungsministerium zu verhindern, dass die Öffentlichkeit von einer weiteren Geheimdienst-Operation der GCHQ erfuhr. Britische Medien berichteten trotzdem über das Spähprogramm »Tempora«: Mit seiner Hilfe werden alle transatlantischen Datenverbindungen angezapft, die über Glasfaserkabel England Richtung Amerika verlassen oder den umgekehrten Weg nehmen, und die Daten für 30 Tage gespeichert. Etwa 500 GCHQ-Mitarbeiter überwachen und werten tagtäglich zahllose E-Mails, Einträge in sozialen Netzwerken und Telefonverbindungen aus.

Tiefseekabel

Über Tiefseekabel werden viele Daten für Telefon- und Computerverbindungen verschickt. Sie sind z. B. auf dem Grund des Atlantiks zwischen Europa und Amerika verlegt und bestehen aus Glasfasern, die in einem Kupferrohr liegen. Weitere Umhüllungen verhindern, dass Meerwasser eindringt und sein Salzgehalt die Kabel zerstört. Von speziellen Schiffen aus werden die Kabel mithilfe eines Verlegepflugs am Meeresboden »eingegraben«.

In der Datenbank »Black Hole« landen rund 50 Milliarden »Events« (Metadaten) pro Tag.

STRICT CONFIDENCE STRICT CONFIDENCE

FSB und SWR

Bis 1991 war der KGB, das Komitee für Staatssicherheit, der sowjetische In- und Auslandsgeheimdienst. Mit dem Zerfall der UdSSR wurde er aufgelöst und durch zwei Nachfolge-Organisationen ersetzt: Der FSB, Föderaler Dienst für Sicherheit der Russischen Föderation, ist für den Staatsschutz und die Inlandsspionage zuständig, ihm unterstehen auch die russischen Grenztruppen. Der SWR, Dienst der Aufklärung, ist für nachrichtendienstliche Tätigkeiten im Ausland verantwortlich. Seine Agenten stattet er mit falschen Namen und Lebensläufen aus und schickt sie auf diese Weise unerkannt in andere Länder oder schleust sie bei Firmen oder ausländischen Nachrichtendiensten ein, um sie auszukundschaften.

Berüchtigte Zentrale

Als Dienstsitz des FSB mit seinen vermuteten 250 000 Angestellten gilt die Lubjanka mitten in Moskau. Das Gebäude hat eine lange, grausame Geschichte: Seit der Oktoberrevolution 1917 wurden in Zellentrakten seiner Keller politische Gegner verhört, gefoltert und auch umgebracht, manch ein Gefangener beging Selbstmord. Bis heute für die Öffentlichkeit nicht zugänglich oder einsehbar, lagert dort in Tresoren das Archiv des sowjetischen Geheimdienstes.

»Der Wald«

Am südwestlichen Rand von Moskau, in Jassenewo, liegt ein hermetisch abgeriegelter Betonklotz aus den 1970er-Jahren mit vielen Satellitenschüsseln auf dem Dach. Es ist der Hauptsitz des SWR und wird von seinen rund 13 000 Mitarbeitern »Wald« genannt. Ein Schild an einer Straße verweist darauf, dass dort eine Sicherheitszone beginnt, der Zutritt ist nur über einen Kontrollpunkt und mit Dienstausweis möglich.

Bekannter Geheimagent

Eine Villa in Dresden war 1985–1990 der Arbeitsplatz eines heute sehr bekannten KGB-Offiziers: Wladimir Wladimirowitsch Putin, seit 2012 in dritter Amtszeit Präsident von Russland. Nach einem Jurastudium in seiner Geburtsstadt Leningrad (heute: St. Petersburg) und einem Abschluss an der KGB-Hochschule in Moskau wurde er nach Deutschland beordert. Welche Aufgaben er hatte, etwa DDR-Wissenschaftler zu überwachen oder Genossen der Staatssicherheit (Stasi) zu überprüfen, ist nicht genau bekannt. 1990 soll er noch versucht haben, einen Spionagering aus ehemaligen Stasi-Mitarbeitern aufzubauen, der jedoch wegen eines Überläufers aufflog.

Eliteausbildung

Mit der Dserschinski-Hochschule, dem Andropow-Institut und der Militärpolitischen Hochschule der Grenztruppen unterhielt der KGB eigene Hochschulen, um seine Agenten auszubilden. 1992 wurde per Präsidentenerlass die FSB-Akademie als neue Ausbildungsstätte gegründet. Sie umfasst, soweit bekannt, das Institut für Kryptographie, Telekommunikation und Computerwissenschaften und ein Institut, an dem zuvor streng geprüfte Spionage-Anwärter für ihre Einsätze ausgebildet werden.

Nachwuchssorgen

Im Juni 2016 feierten frischgebackene Geheimdienst-Agenten ihre vierjährige Ausbildung an der FSB-Akademie mit einem Autokorso durch Moskau. Sie filmten ihre Fahrt in 30 schwarzen Mercedes-Benz-Geländewagen und waren in einigen Szenen selbst deutlich zu erkennen. Die Aufnahme stellten sie auf die Internetplattform YouTube, sie erhielt bis heute über 2,5 Mio. Klicks. Wie viele der jungen Männer noch Spione werden dürfen, ist nicht bekannt.

BND

Camp Nikolaus

So lautete der Spitzname der Organisation Gehlen, aus der 1956 der BND hervorging und die seit dem Nikolaustag 1947 in Pullach angesiedelt ist. Dieser Standort des BND war an einem Seiteneingang mit der Aufschrift »Beamtenunterkunft« gekennzeichnet, erst 1996 wies eine Tafel das Gelände als »Bundesnachrichtendienst« aus. 2003 kam die Dienststelle Berlin-Lichterfelde dazu. Sechs andere getarnte Dienststellen enttarnte der BND selbst im Juni 2014.

Der Bundesnachrichtendienst (BND) ist – neben dem Amt für Verfassungsschutz (BfV) und dem Militärischen Abschirmdienst (MAD) – einer der drei deutschen Geheimdienste. Er hat seinen Sitz im bayerischen Pullach im Isartal und in der Bundeshauptstadt Berlin. Der BND beschäftigt 6500 Mitarbeiter, 2300 davon sind Frauen. Sie sammeln Informationen im und über das Ausland, um die Sicherheit Deutschlands zu gewährleisten. Dazu werden Geheimagenten eingesetzt, offene Quellen wie Zeitung, Radio, Fernsehen und Internet durchforstet, Abhöraktionen durchgeführt oder verdeckt Film- und Fotoaufnahmen gemacht. Geplant ist eine neue Abteilung, um Cyber-Spionage, Angriffe auf Computersysteme, zu bekämpfen.

Aufnahmeverfahren

Wer einen Abschluss in Informatik, Physik, Chemie oder Fremdsprachen wie Russisch, Arabisch oder Chinesisch hat, kann sich beim BND bewerben. In den nächsten neun Monaten folgen jede Menge Prüfungen und Tests, die an einem nur dem BND und dem Bewerber bekannten Ort stattfinden. Auch das Privatleben, Freunde, Verwandte oder Kontakte zu Menschen in als Krisengebiet eingestuften Ländern werden durchleuchtet.

Umzug der Spione

Die Standorte des BND sollten bis 2011 in Berlin zusammengelegt werden. Doch dann wurde entschieden, 1500 Mitarbeiter in Bayern zu belassen. 2006 wurde mit dem Bau der neuen Zentrale in Berlin-Mitte für 4000 Mitarbeiter begonnen: Das dreiflügelige Hauptgebäude ist 280 m lang, 150 m tief und 30 m hoch und wird von den Berlinern scherzhaft »Umzugskiste« genannt. Es besitzt abhörsichere, abgedunkelte Fenster. Über 20 000 km Glasfaserkabel sind verlegt worden und die Elektro- und Stromversorgung stellt ein eigenes Blockheizkraftwerk sicher.

Null Einblick

Im August 2016 lud der Nachrichtendienst die Bürger zum »Tag der offenen Tür« in den geheimsten Neubau Berlins, die BND-Zentrale. Die Besucher durften nicht fotografieren, keine großen Taschen und Flüssigkeiten in Glasflaschen dabeihaben. Die Besichtigungstour fand dann allerdings nur auf dem mit einem hohen Sicherheitszaun umschlossenen und von Kameras überwachten Außengelände statt, in den riesigen Gebäudekomplex durfte niemand einen Fuß setzen.

Millionenschaden

Der Neubau der Zentrale des BND galt als sehr gut gesichert. Bis 2015 Diebe eindrangen und in den obersten Stockwerken die Wasserhähne klauten. Dadurch liefen große Mengen Wasser durch Kanalschächte und die Decken der unteren Stockwerke, was zu Schäden in Millionenhöhe führte. Da die Polizei keine Einbruchsspuren entdeckte, kursiert das Gerücht, es seien noch gar keine Wasserhähne eingebaut gewesen.

STRENG VERTRAULICH

Reserveanlagen

>> Einen Vorrat, eine Reserve für schlechte Zeiten anzulegen, ist klug. Im eigenen Haushalt können das z. B. Lebensmittel in Konserven und Wasser sein. Staaten legen für Krisenzeiten größere Energiereserven an, etwa Öl, oder, um die Währung zu stützen, jede Menge Gold in Form von Barren oder Münzen. Unentbehrlich für die Grundversorgung der Menschen überall auf der Welt sind Nutzpflanzen. Ihre Samen werden für den Katastrophenfall ebenso wie Öl und Gold an abgelegenen oder sehr gut geschützten Speichern gelagert. Einer dieser Orte ist weltberühmt, kam in vielen Filmen vor und bleibt doch geheimnisumwittert: Nur einmal durfte eine Handvoll ausgewählter Personen ihn sehen.

Deutsche Ölreserven

An zwölf Standorten in Deutschland lagert auf abgeschirmtem Gelände und tief unter der Erde Erdöl. Ein Großteil dieser Hohlräume (Kavernen) befindet sich in Salzstöcken der Bundesländer Niedersachsen, Nordrhein-Westfalen, Sachsen-Anhalt, Bremen sowie Schleswig-Holstein. Die größten Erdölvorkommen liegen in den arabischen Ländern, sie werden als Rohöl mithilfe von Tankern und Pipelines angeliefert. Sollte es einmal zu einem Engpass kommen, wie bei den Ölkrisen 1973 und 1979, wäre die Energieversorgung der Bevölkerung zumindest theoretisch für 90 Tage gesichert.

Energiespeicher

Die Kavernenanlage Etzel liegt rund 20 km südwestlich von Wilhelmshaven, einem der größten Rohölumschlaghäfen Deutschlands. Öl aus Tankschiffen wird von dort aus über Pipelines in Raffinerien im Rhein-Ruhr-Gebiet geleitet – und, bei Bedarf, in den Salzstock Etzel. Ab 1973 lagerte dort in 33 Kavernen der größte Teil der deutschen Ölreserven. Seit 1993 speichern alte und neue Kavernen zunehmend Erdgas. 2013 kam es zu einem Ölunfall, bei dem aus einer oberirdischen Verteileranlage 40 000 l Rohöl austraten.

Ölleck

Im Münsterland bei Gronau hatten 2014 plötzlich mehrere Anwohner Erdöl im Garten, Boden und Grundwasser wurden verseucht. Nach langer Suche entdeckten Experten eine undichte Stelle in einer etwa 12 km langen Rohrleitung in etwa 217 m Tiefe: Über sie wird Öl in ein weiteres riesiges unterirdisches Rohöllager geleitet. An die Oberfläche gelangten 55 000 l Rohöl, die abgepumpt wurden. Wie viel Öl aus dem Leck sich im Untergrund angesammelt hat, weiß bisher niemand.

Salzstock

Vor etwa 250 Millionen Jahren ließ ein besonders warmes Klima vor allem im heutigen Norddeutschland in Flachwasserbecken Meerwasser in großen Mengen und über einen langen Zeitraum verdunsten. Es entstanden mächtige Steinsalzschichten, die durch Erdbewegungen durch andere Gesteinsschichten überlagert und unter der Erde säulen-, tropfen- oder pilzartig verformt und nach oben gedrückt wurden. Salzgestein gilt als sehr dicht und undurchlässig, kann aber durch Wasser zu einer Kaverne ausgespült und dann mit Öl oder auch Gas befüllt werden.

Eine der Kavernen bei Gronau ist so riesig, das dort der Kölner Dom ohne Probleme reinpassen würde.

Fort Knox

Im US-Bundesstaat Kentucky, nahe der Stadt Louisville, liegt Fort Knox. In dieser Schatzkammer Amerikas sollen rund 5000 t Gold in Form von fast 240000 Barren lagern, deren Wert sich auf etwa 158 Milliarden Euro beläuft. Das schlichte Gebäude ist hoch gesichert: Es hat dicke Wände, ist mit einer modernen Überwachungsanlage und vier Wachtürmen ausgestattet. Im Ernstfall könnten von einer in der Nähe stationierten Militäreinheit zur Verteidigung 10000 Soldaten anrücken. Die Eingangstür besteht aus sieben Schichten eines besonders gehärteten Stahls, ist 60 cm dick und wiegt 20 t. Um sie zu öffnen, müssen mehrere nicht bekannte Mitarbeiter jeweils ihren Teil eines Gesamtcodes eingeben.

Goldspeicher

Auf dem 441 km² großen Stützpunkt der US-Armee entstand 1936 das Lager für die Goldreserve der USA, auf Englisch heißt es »United States Bullion Depository«. Der Auftraggeber, das Finanzministerium der Vereinigten Staaten, wählte für das zweistöckige Gebäude schwer zerstörbare Materialien wie Granit, Beton und Baustahl. Das Gold wurde nach und nach auf der Schiene angeliefert, in insgesamt 500 Eisenbahnwagen.

Der Namensgeber

Das ursprüngliche Fort entstand 1862, als die amerikanischen Nord- und Südstaaten sich im Bürgerkrieg gegenüberstanden. Damals hieß es noch Fort Duffield und wurde erst Anfang des 20. Jh. nach Henry Knox (1750–1806) benannt. Er hatte Ende des 18. Jh. für Amerikas Unabhängigkeit gekämpft, der erste US-Präsident George Washington (1732–1799) ernannte ihn 1789 zum ersten amerikanischen Kriegsminister.

Schweigen ist Gold

Im September 1974 erhielt mit Erlaubnis des amerikanischen Finanzministeriums zum ersten Mal eine Gruppe von Politikern und Journalisten Zutritt zu Fort Knox für 30 Minuten. Von den insgesamt 28 Abteilen durften sie in Kammer Nr. 13 die je 12,5 kg schweren Goldbarren mit ihren eigenen Händen berühren. Mit dieser Besichtigungstour sollte Gerüchten entgegengewirkt werden, die besagten, das Goldlager sei leer oder die Barren bestünden nur aus vergoldetem Blei. Ein weiterer Zutritt für Vertreter der Öffentlichkeit wurde danach aus Geheimhaltungsgründen nicht mehr erlaubt.

Münzpolizei

Bereits 1792 wurde die »United States Mint Police« (deutsch: Münzpolizei der Vereinigten Staaten) gegründet. Sie ist für die Sicherung des amerikanischen Finanzministeriums, der Münzprägeanstalten und ihrer Mitarbeiter sowie der staatlichen Reserven, also Edelmetalle und Bargeld, zuständig. Die Münzpolizei bewacht außer dem Depot in Fort Knox auch solche in Washington, D.C., Philadelphia, Denver und San Francisco. Bei Überfällen greift ihre Sondereinsatztruppe ein, das Special Response Team (SRT).

Schatzkammer

Während des Zweiten Weltkriegs brachten einige europäische Staaten ihre Goldvorräte ebenfalls in Fort Knox unter. Außerdem wurden dort eine Abschrift der »Magna Carta«, eine englische Rechtsurkunde von 1215, aufbewahrt sowie die »Bill of Rights« von 1789, die Zusatzartikel zur Verfassung der Vereinigten Staaten, auflistet. Die britischen Kronjuwelen, wie lange behauptet, lagerten dort nicht, wohl aber die ungarische Stephanskrone.

Das größte Goldlager befindet sich in New York: 8000 t Barrengold liegen in einem Tresor unterhalb Manhattans.

IN STRICT CONFIDENCE

Global Seed Vault

So lautet der englische Name des Weltweiten Saatgut-Tresors auf Spitzbergen, Norwegen. Dort, im ewigen Eis, lagern wie in einem riesigen unterirdischen Bankschließfach mehr als 800 000 unterschiedliche Saatgutsamen von über 5000 Nutzpflanzen aus aller Welt, wie z. B. Weizen, Mais oder Reis. Das Saatguterbe der Menschheit soll so in seiner Vielfalt für künftige Generationen erhalten bleiben, aber auch verfügbar sein, falls verheerende Kriege, Seuchen oder Naturkatastrophen die Ernährung der Weltbevölkerung bedrohen. Der 2008 eröffnete Tresor kann nur über einen einzigen Zugang betreten werden. Ein Sicherheitsdienst, viele verschlossene Türen, Kameras und Bewegungsmelder halten Unbefugte von dieser »Arche im Eis« fern.

Tiefgekühlte Kornkammer

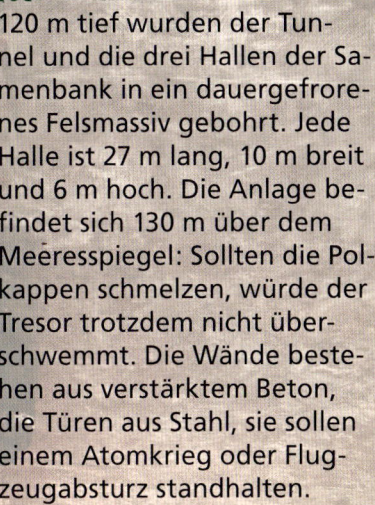

120 m tief wurden der Tunnel und die drei Hallen der Samenbank in ein dauergefrorenes Felsmassiv gebohrt. Jede Halle ist 27 m lang, 10 m breit und 6 m hoch. Die Anlage befindet sich 130 m über dem Meeresspiegel: Sollten die Polkappen schmelzen, würde der Tresor trotzdem nicht überschwemmt. Die Wände bestehen aus verstärktem Beton, die Türen aus Stahl, sie sollen einem Atomkrieg oder Flugzeugabsturz standhalten.

Spitzbergen
Die Insel Spitzbergen ist die Hauptinsel einer gleichnamigen größeren Inselgruppe nördlich des Polarkreises, die auf Norwegisch Svalbard genannt wird.
Das Klima ist arktisch, die Temperaturen liegen im Durchschnitt bei -7 °C. Größte Stadt, und einer der nördlichsten Orte der Welt, ist Longyearbyen. Über ihren internationalen Flughafen werden die Samenlieferungen eingeflogen.

STRENG VERTRAULICH

Sicherheitskopien

Etwa dreimal im Jahr werden Samenpakete angeliefert. Sie sind luftdicht in Tüten eingeschweißt oder in Gläser abgefüllt und in Plastik- oder auch Holzboxen verpackt. Jede Box wird am Eingang durchleuchtet, damit sie nicht geöffnet werden muss, denn: Mit den Samen wird nicht gearbeitet. Sie bleiben im Besitz des Landes, das sie als eine Art Back-up im Tresor einlagern lässt. Im Moment werden in den Hochregalen 864 000 Samenproben von 5103 Pflanzen verwahrt. Der Platz reicht für 4,5 Millionen Arten unterschiedlicher Kulturpflanzen. Bei der üblichen Anzahl von 500 Samen pro Pflanzenart wären das 2,25 Milliarden Samen.

Erster Einsatz

Das Saatgut aus 217 Ländern ist im Global Seed Vault (GSV) gesichert, darunter Samen aus Nordkorea und aus Staaten, die es inzwischen gar nicht mehr gibt, wie die UdSSR, die DDR oder Jugoslawien. 2015 forderten Wissenschaftler aus dem im Krieg stark zerstörten Land Syrien 130 von 325 eingelagerten Kisten mit Samen zurück. Die Forscher haben ihre Labore in Länder wie Jordanien und Marokko ausgelagert. Dort wollen sie mit dem Saatgut aus dem Tresor neue Gewächse für Experimente heranzüchten. Ein Teil der neu gewonnenen Samen geht zurück in den Samentresor.

Leicht verformt

Kurz nach der Eröffnung des Samentresors taute im Sommer 2008 der Permafrostboden stärker auf als erwartet. Die Erde rund um das Gebäude geriet in Bewegung, wodurch sich Stahlteile in der vorderen Tunnelröhre verformten und die Wände mit Trägern gestützt werden mussten. Für die Reparatur tauschten Bauarbeiter 6 m der Stahlummantelung aus.

-18 °C beträgt die Lagertemperatur: Bei -3,5 °C sind Sonnenblumensamen noch 55 Jahre haltbar, Erbsensamen 10 000 Jahre.

Geschlossene Städte

>> Sie sind eine Besonderheit der ehemaligen UdSSR und des heutigen Russlands: Orte und ganze Gebiete, in die Menschen ohne Zutrittserlaubnis erst gar nicht hinein dürfen oder in denen man sich nicht länger aufhalten darf. Das gilt sowohl für Ausländer als auch für russische Staatsbürger. Bei den meisten dieser geschlossenen Städte handelt es sich um sogenannte Atomstädte, in denen mit hochradioaktivem Material experimentiert und gearbeitet wird. Sie liegen oft in dünn besiedelten Landstrichen wie Sibirien oder im Ural, tragen Tarnnamen und sind auf Landkarten nicht eingezeichnet. Sicherheitszäune und bewaffnetes Wachpersonal wehren Unbefugte ab. Besuche von auswärts lebenden Verwandten und Freunden sind schwierig.

Swerdlowsk-44

Von außen betrachtet wirkt die Stadt Nowouralsk – Deckname Swerdlowsk-44 – wie ein riesiges Hochsicherheitsgefängnis: Sie ist von 3 m dicken Betonmauern umgeben, die mit Wachtürmen, Stacheldraht und Suchscheinwerfern bestückt sind, und wird an den zwei Zugangstoren von bewaffnetem Personal bewacht. Der Ort, der auf keiner Karte verzeichnet ist, liegt irgendwo nordwestlich der Stadt Jekaterinburg auf der europäischen Seite des Gebirgszugs Ural. Dort arbeiten und leben etwa 86 000 Menschen, die nur mit einem speziellen Pass die Stadt betreten und verlassen dürfen. Denn: Das Elektrochemische Kombinat dort ist eine Fabrik, in der hochangereichertes Uran für Atomwaffen hergestellt wird.

Zutritt verboten

1941 entstand Nowouralsk durch den Bau einer Fabrik. 1946 wurde sie zur Atomstadt, zum Zentrum der Nuklearindustrie, und mit einem Codenamen versehen, den sie bis 1994 trug. Besucher sind nicht erlaubt, und jeder, der mit seinem Auto in Richtung der geschlossenen Stadt fährt, wird bereits auf der Zufahrtsstraße von Männern mit Maschinenpistolen gestoppt und eingehend kontrolliert.

Atomgrad

So nannte der deutsche Physiker Werner Heisenberg die Atomstädte der Sowjetunion, die zwischen 1945 und 1950 in dem riesigen Land entstanden. Sie alle hatten etwas mit der Entwicklung der Kernenergie zu tun, weshalb die Regierung der UdSSR bestritt, dass es sie tatsächlich gab. Westliche Staaten versuchten sie mithilfe von Satellitenaufnahmen und Aufklärungsflügen ausfindig zu machen.

Sicherheit ade?

Nicht nur die Stadt selbst ist hoch gesichert, auch jedes einzelne Werksgelände besitzt ein eigenes Kontrollsystem. Trotzdem könnte Gefahr von innen drohen. Früher wurden die Einwohner der Atomstädte bevorzugt behandelt, Arbeiter, Forscher und Wissenschaftler verdienten gut und ihre Familien waren bestens versorgt. Inzwischen sind die Einkommen stark gesunken und es herrscht zum Teil Wohnungsnot. Außerdem gibt es in der neu entstandenen Öl- und Gasindustrie besser bezahlte Jobs und Lebensumstände. Die Versuchung der Atomstadt-Bewohner, gegen Geld Geheimnisse zu verraten, könnte wachsen.

Im Moment gibt es noch zehn geschlossene Atomstädte in Russland. Insgesamt leben dort 730 000 Menschen.

IN STRICT CONFIDENCE

TOP SECRET

Tscheljabinsk-65

So lautet der Tarnname der geschlossenen Stadt Osjorsk im Oblast Tscheljabinsk, einem russischen Verwaltungsbezirk im Südural. Hauptarbeitgeber dort ist das Chemiekombinat Majak, bei dem es sich eigentlich um eine kerntechnische Anlage handelt. Bis 1987 stellte sie spaltbares Material für sowjetische Atomwaffen her, heute befinden sich auf dem 90 km² großen Gelände mehrere Kernreaktoren, Lager für radioaktive Abfälle und es werden vermutlich Kernbrennstoffe wiederaufgearbeitet. Eine hohe Geheimhaltungsstufe sowie strikte Zugangsbeschränkungen verhindern nach wie vor, dass zuverlässige Informationen nach außen dringen. Allerdings ereigneten sich dort anscheinend mehrere – unbestätigte – Atomunfälle, zumindest wurden radioaktive Spuren in der Umwelt gefunden.

Ein Ort mit vielen Namen

Die geheime Stadt liegt irgendwo zwischen Jekaterinburg und Tscheljabinsk. Lange Zeit wurde sie nur unter einer Postadresse geführt: erst Tscheljabinsk-40, dann Tscheljabinsk-65 und schließlich Osjorsk. Sie hat 850 000 Einwohner, 14 000 davon arbeiten in der Atomfabrik Majak. Die Anlage ist von einer 250 km² großen Sperrzone umgeben sowie mehreren Stacheldrahtzäunen, die Soldaten bewachen. Ein Besuch der Stadt muss unter anderem vom Geheimdienst genehmigt werden.

RDS-1

Dieses Kürzel bezeichnet die erste sowjetische Kernwaffe. Sie wurde im Rahmen des sowjetischen Atombombenprojekts ab 1941 entwickelt und am 29. August 1949 erfolgreich getestet. »Objekt 501«, wie die Bombe auch genannt wurde, war die erste Kernwaffe, die außerhalb der USA entstand. Das Waffenplutonium dafür stellte die Kernanlage Majak her.

STRENG VERTRAULICH

42

Leuchtender Schein

Als Wetterleuchten oder Polarlicht beschrieben russische Zeitungen ein Lichtphänomen, das Ende September 1957 über der Stadt Kyschtym im Ural erschien und im Umkreis von mehreren Hundert Kilometern zu sehen war. Tatsächlich handelte es sich um eine Explosion in der Kerntechnischen Anlage Majak: Es war, nach Tschernobyl (1986) und Fukushima (2011), einer der schwersten Atomunfälle überhaupt. Die radioaktive Wolke ging im nordöstlichen Ural nieder und verteilte sich auf ein Gebiet von 20 000 km², in dem damals 270 000 Menschen lebten. Bekannt wurde dieser Vorfall im Westen erst in den 1970er-Jahren.

Lagerhaltung

Im Rahmen der Abrüstung beschlossen 1993 die einst verfeindeten USA und Russland, gemeinsam ein gesichertes Lager für waffenfähiges, spaltbares Material auf dem Gelände von Majak zu bauen: 50 t Plutonium und 200 t Uran aus bis zu 12 500 demontierten nuklearen Sprengköpfen können dort 100 Jahre aufbewahrt werden. Das Lager soll Erdbeben bis Stärke 8 ebenso aushalten können wie einen Flugzeugabsturz oder eine Flut. Am Bau waren das amerikanische und russische Militär beteiligt, an der Überwachung des Betriebs, der 2003 eingeweiht und 2006 bestückt wurde, sollen die USA teilhaben.

»Havarie«: Ein Unfall mit einem Wasserfahrzeug, aber auch ein Totalschaden an Industrie- oder Reaktoranlagen.

Friedliche Nutzung

Radioaktive Isotope werden nicht nur für den Bombenbau genutzt: Sie können auch für medizinische, landwirtschaftliche oder Forschungszwecke eingesetzt werden. In zwei Reaktoren in Majak werden heute sogenannte Radionuklide auch für den nicht-militärischen Einsatz hergestellt und weltweit verkauft.

Arsamas-16

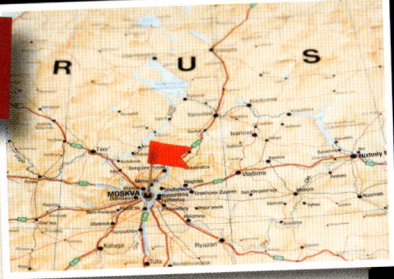

Dieses Sperrgebiet gilt noch heute als einer der geheimsten Orte Russlands: Es liegt rund 375 km östlich von Moskau, ist aber derart abgeriegelt, dass – so sagen die Einheimischen scherzhaft – man dort geboren sein muss, um hineinzukommen. Der Ort beherbergt ein Kernforschungsinstitut, an dem einst sowjetische Kernwaffen entwickelt wurden, darunter die größte jemals getestete Wasserstoffbombe. Die Forschungsarbeiten sorgen noch immer dafür, dass der Zutritt zur Stadt nur mit Passierschein möglich ist. Allerdings fordert die russisch-orthodoxe Kirche, Sarow, wie der Ort seit 1995 wieder offiziell heißt, ganz zu öffnen: damit Gläubige aus allen Teilen des Landes endlich Zugang zu einem der bekanntesten Klöster der Gegend bekommen.

Plötzlich verschwunden

Aus einer alten Siedlung ging 1939 die Stadt Sarow hervor. Sie verschwand jedoch 1945 von allen Karten des Landes, als sie Standort des sowjetischen Atombombenprojekts und zur geschlossenen Stadt wurde. Sie erhielt den Namen Kremljow, tauchte in Geheimdokumenten aber nur als Arsamas-16 auf. Schon immer von einem dichten Wald umgeben, bekam der Ort zusätzlich eine lückenlose Umzäunung und militärische Überwachung.

Drei Ausweisarten

Wer in einer geschlossenen Stadt wie Sarow geboren wird, erhält einen Dauerausweis. Den bekommen auch alle, die fest bei einem Unternehmen des Ortes arbeiten. Verwandte der Einwohner oder Geschäftsreisende können einen einmaligen oder aber zeitlich begrenzten Ausweis beantragen. Er wird nur nach eingehender Prüfung der Antragsteller durch den Geheimdienst vergeben. Chancenlos sind Ausländer, ein solcher Ort ist für sie tabu.

Bombenväter

Der »Vater der sowjetischen Atombombe«, Igor Kurtschatow, entwickelte Kernwaffen in Arsamas-16. Zu seinem Team zählte unter anderem der Physiker Andrei Sacharow, der 1953 zum »Vater der sowjetischen Wasserstoffbombe« wurde. Er baute auch »Wanja«, die später »Zar-Bombe« oder »AN602« genannte Waffe. Sie wog 27 t, war 8 m lang und 2 m breit. Am 30. Oktober 1961 auf der Insel Nowaja Semlja gezündet, erzeugte sie die stärkste von Menschen ausgelöste Explosion. Beide Wissenschaftler setzten sich später für die ausschließlich friedliche Nutzung von Kernenergie ein.

Isoliertes Kloster

Mitte des 17. Jh. wurde das Sarower Kloster gegründet. 1927 befahl die sowjetische Regierung, es – wie viele andere Klöster und Kirchen im ganzen Land – zu schließen. Es wurde als Gefängnis, Militärbetrieb und Theater genutzt, verfiel aber mehr und mehr. Nach Ende der UdSSR konnte die russisch-orthodoxe Kirche das Kloster in Sarow erneuern – es blieb und, wie es aussieht, bleibt aber ein Kloster hinter Stacheldraht: nur für Gläubige aus der geschlossenen Stadt zugänglich.

Ziemlich beste Freunde

Gar nicht geheim ist der Name der Partnerstadt von Sarow: Los Alamos in New Mexico, USA. Im Los Alamos National Laboratory begann mit dem Manhattan-Projekt ab 1942 das amerikanische Atomwaffenprogramm. US-Forscher bauten dort die erste Atombombe. Teile des Gebiets, auf dem diese Forschungseinrichtung liegt, sind ebenfalls Sperrzone.

STRICTLY CONFIDENCE

Die Wasserstoffbombe »Wanja« explodierte 4000 m über der Erde, wobei ein 64 km hoher Atompilz entstand.

Forschungs-einrichtungen

>> Die meisten wissenschaftlichen Forschungen finden an öffentlich zugänglichen Instituten, Universitäten oder in Laboren statt. Es gibt jedoch auch Untersuchungen, die geheim bleiben sollen, deshalb erfolgen diese an sehr abgelegenen oder für Außenstehende unbekannten Orten. Solche Geheimprojekte werden meist im Auftrag des Staates für das Militär ausgeführt oder von Unternehmen, die Konkurrenten fürchten, die ihnen voraus sein könnten und sie so um ihren Gewinn bringen. Anders sieht es mit Hochsicherheitslaboren aus, wo mit gefährlichen Stoffen, wie etwa tödlichen Viren, experimentiert wird: Ihr Standort ist bekannt, aber nicht die Lage der Labore in den einzelnen Gebäuden.

HAARP

Rund 320 km nordöstlich von Anchorage, mitten in der Wildnis von Alaska, betrieben die US Airforce, die US Navy und die Universität von Alaska bis August 2016 ein Forschungsprojekt: das High Frequency Active Auroral Research Program, kurz: HAARP. Geforscht wurde hier mithilfe von Radiowellen, um die oberen Schichten der Erdatmosphäre zu untersuchen. Viele Menschen glauben das jedoch nicht: Sie vermuten, dass dort im Geheimen ausgetüftelt wird, wie der Funkverkehr, feindliche Radaranlagen und Flugzeug- und Raketensysteme lahmgelegt werden können. Andere sehen in der abgeschieden gelegenen Anlage sogar den Auslöser für zahlreiche Katastrophen auf der Welt – von Hurrikanen über Erdbeben bis hin zum Klimawandel.

Exosphäre

Thermo-
sphäre

Mesosphäre

Stratosphäre

Troposphäre

Ionosphäre

Riesige Kanone

2005 gelang es amerikanischen Forschern in einer anderen, ähnlichen Anlage, Polarlichter zu verstärken. Das löste bei Nichtwissenschaftlern die Angst aus, die HAARP-Sendemasten könnten zu einer superstarken Strahlenkanone zusammengeschlossen werden, die Löcher in die Erdatmosphäre schießt und alles Leben auf dem Planeten auslöscht.

Zu schwach

Tatsächlich wäre die Energie, um das zu erreichen, gewaltig: Die HAARP-Antennen müssten eine Spannung aufbauen können, die verhakte, aufeinanderprallende oder aneinander vorbeischlitternde gigantische Erdplatten freisetzen: 180 Antennen mit einer Leistung von 3,6 Megawatt – was 2400 Haushaltsstaubsaugern entspricht – reichen dafür bei Weitem nicht aus. 2017 setzte die Universität von Alaska die Forschungen allein fort.

Antennenfeld

Im Wald gelegen, von einem hohen Zaun umgeben und von Soldaten bewacht ist HAARPs Herzstück, das Ionospheric Research Instrument (IRI). Es handelt sich dabei um ein großes Feld mit 180 Radioantennen. Sie können elektromagnetische Wellen aussenden, die in einer hohen Schicht der Erdatmosphäre, der Ionosphäre, aufgenommen werden. Die Art, wie das geschieht, lässt Rückschlüsse auf den jeweiligen Zustand der Ionosphäre zu.

Ionosphäre

Sie umgibt die Erde in 80–300 km Höhe und enthält große Mengen von Ionen, also positiv oder negativ geladenen Atomen bzw. Molekülen, und viele freie Elektronen, das sind ausschließlich negativ geladene Elementarteilchen. Je nach Sonnenstand, Jahreszeit und Aktivität der Sonne schwankt diese elektrische Ladung. Werden die Teilchen zum Beispiel durch Sonnenwinde in Bewegung versetzt, erzeugen sie, vor allem an den Polen der Erde, Polarlichter.

Ein Bereich von 10 km Durchmesser mit nur 3 Mikrowatt pro Quadratzentimeter wird von der IRI-Energie getroffen.

STRICTLY CONFIDE... IN

Project Titan

Unter diesem Tarnnamen startete der Computerriese Apple – soweit bekannt – 2015 den Versuch, ein eigenes Auto auf den Markt zu bringen. Der »Apple Car« oder »iCar«, wie das neue Produkt in den Medien genannt wird, soll in der Nähe der Firmenzentrale in Cupertino, Kalifornien, so-

wie in einer Denkfabrik in Berlin entwickelt werden. Wo genau, wird nicht verraten, schließlich soll niemand vorzeitig Einblick in eine womöglich revolutionäre Technik bekommen. Sie könnte den gesamten Automarkt auf den Kopf stellen und sogar die Art des Autofahrens komplett verändern. Ende 2016 machte jedoch das Gerücht die Runde, das Projekt, zu dem Apple sich nie geäußert hat, sei eingestellt worden. Stimmt das, oder ist es nur ein Ablenkungsmanöver, um im Geheimen weiterzuforschen?

Lautlose Flitzer

Nicht nur Apple, auch andere Konzerne, die ihr Geld mit Computern, Smartphones, Unterhaltungselektronik, Betriebssystemen oder dem Internet verdienen, machen sich daran, die Autos der Zukunft zu bauen: Es sollen lautlose Elektromobile werden, die sich selbst steuern – dank ausgeklügelter Technik, die diese Unternehmen bereits anbieten oder neu entwickeln wollen.

Roboterauto

Fahren, steuern, einparken, und das alles, ohne dass jemand am Steuer sitzt. Sieht so die Zukunft des Straßenverkehrs aus? Autohersteller und Technologiekonzerne arbeiten jedenfalls daran, diese Vorstellung Wirklichkeit werden zu lassen. Jede Menge Sensoren, die beständig die gesamte Umgebung des Fahrzeugs abtasten und das Auto dadurch lenken, sollen »autonomes Fahren« möglich machen. Größter Vorteil: 90 % aller Unfälle könnten mit Roboterautos vermieden werden.

Hörensagen

Dass Apple womöglich einen neuen Geschäftszweig für sich erobern will, konnte nur indirekt festgestellt werden: Der Konzern begann damit, Chefentwickler bekannter Autofirmen abzuwerben und mit Zulieferern für die Automobilbranche zu verhandeln. Insider berichteten, dass bis zu 1800 Mitarbeiter an einem Elektroauto mit Apple-Software gearbeitet haben sollen. Als immer mehr der gerade erst eingestellten Beschäftigten 2016 entlassen oder in andere Abteilungen versetzt wurden, munkelte man, der Konzern habe das Projekt entweder auf Eis gelegt oder beendet.

Datenhoheit

Vermutlich war Apple sowieso nur an den Daten interessiert, die während der Autofahrten anfallen: Wer weiß, wo jemand hinfährt und wie oft, kann ihm gezielt Werbung anbieten, etwa von Hotels, Restaurants, Tankstellen oder auch Reparaturwerkstätten. Solche Daten in großen Mengen zu sammeln, sie auszuwerten und zu verkaufen, gilt als Milliardengeschäft. Bisher haben die Autohersteller Zugriff auf diese Daten und setzen zunehmend auf Mitarbeiter mit IT-Kenntnissen, um sie für sich nutzen zu können. Apple, so hört man, will sich inzwischen auch auf Auto-Softwareprogramme konzentrieren.

Fantasie-Design

Das Gerücht, Apple würde ein Elektroauto bauen, regte die Fantasie verschiedener freier Designer an. Sie erstellten ungefragt eigene Entwürfe eines möglichen »iCars«, die auf verschiedenen Technik-Webseiten erschienen. Die meisten Zeichner stellten sich einen kleinen Stadtflitzer mit fließend-kurviger Karosserie vor: Seine Form erinnert an Apples Computermaus, die einfach vier Räder, (Panorama-)Fenster, drehbare Autositze und Scheinwerfer bekam.

Google X

In der Nähe des Firmenhauptsitzes von Google im kalifornischen Mountain View, USA, soll sie sich befinden: die geheime Denkwerkstatt eines der größten Internetriesen der Welt mit dem Namen »Google X«, der Anfang 2016 auf »X« verkürzt wurde. Eine nicht genauer bekannte Anzahl von Mitarbeitern beschäftigt sich dort mit über 100 verschiedenen Projekten, die nichts weniger als »die gewaltigen Probleme der Menschheit« lösen sollen.

Bei den Forschungen geht es hauptsächlich um technologische Lösungen, die das Leben vereinfachen, verlängern, vernetzen oder sogar in den Kosmos verlegen sollen. Was genau in den Geheimlaboren ausgetüftelt wird, erfährt die Öffentlichkeit erst, wenn Google darüber berichtet.

Moonshots

So heißen Googles geheime Forschungsprojekte. Die Bezeichnung verweist auf die Ankündigung des früheren US-Präsidenten John F. Kennedy, bis Ende der 1960er-Jahre einen Menschen zum Mond zu schießen. Bekannte Google-Moonshots sind Entwicklungen wie Google Glass, ein Minicomputer, der wie eine Brille getragen wird, eine digitale Kontaktlinse, die den Blutzuckerwert misst, sowie selbstfahrende Autos.

Das große X

Der Name des Geheimlabors ist eine Art Wortspiel: »X« steht für das Unbekannte, »Google« meint nicht nur die Suchmaschine selbst, sondern wird in der Alltagssprache inzwischen auch für »Suchen« gebraucht, wenn auch nur im Internet: »Google X« bedeutet daher »die Suche nach dem Unbekannten«. So zumindest erklärte Google-Gründer Larry Page den ursprünglichen Namen.

CLASSIFIED

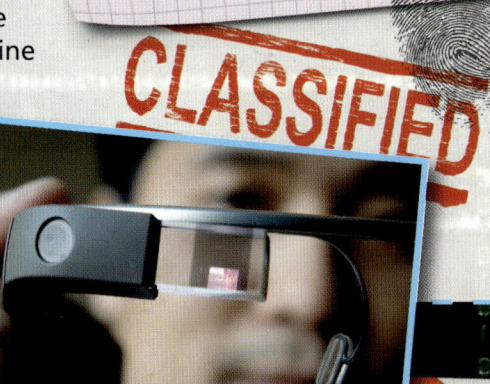

Mensch-Maschine

Google Brain ist ein Projekt, in dem das Unternehmen 16 000 selbstlernende Computer miteinander verknüpft hat. Ziel ist es, auf diese Weise das menschliche Gehirn nachzubilden. »Deep Learning« wird der Vorgang genannt, bei dem eine Maschine – mithilfe von Datensätzen – in einer unglaublichen Anzahl von Informationen Muster unterschei-

det und mit der Zeit durch Erfahrung lernt, um was es sich handelt, z. B. verschiedene Gesichter oder unterschiedliche Sprachen.

Hangar One

2014 vermietete die NASA, die amerikanische Weltraumbehörde, eine der größten Flugzeughallen der Welt, Hangar One, für 60 Jahre an Google. Die 32 ha große Anlage könnte sechs amerikanische Fußballfelder umfassen. Sie wurde 1933 für die USS Macon gebaut, ein 239 m langes Starrluftschiff, ein Zeppelin, der der US-Marine als fliegender Flugzeugträger diente. Es wird vermutet, dass Google den Hangar nach seiner Instandsetzung als Forschungszentrum für Flugrobotik, also Drohnen, und konzerneigene Weltraumforschung nutzen wird.

Internet der Dinge

Die Lücke zwischen realer und virtueller Welt soll das »Internet der Dinge« schließen: Immer mehr Geräte werden dabei mit einfacher künstlicher Intelligenz ausgestattet, so z. B. Drucker, deren Patronen »wissen«, wann ihre Tinte zur Neige geht. Sie bestellen dann per Chiptechnologie beim Hersteller selbst Nachschub. Oder Dinge bekommen ein digitales Gedächtnis, wie Bürostühle, deren Einstellung sich an den Körperbau des jeweiligen Nutzers anpasst.

TOP SECRET

STRICT CONFIDENCE

10 Mio. YouTube-Bilder unterteilte Google Brain an drei Tagen in drei Gruppen: menschliche Gesichter und Körper sowie Katzen.

BSL4-Labore

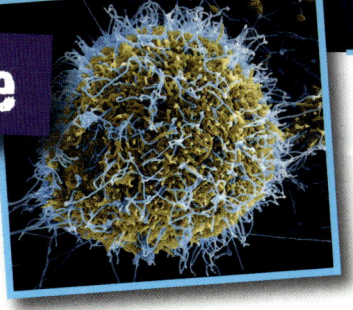

Vier Labore der höchsten Sicherheitsstufe – Schutzstufe 4 – gibt es in Deutschland. Dort wird an hochgefährlichen Viren geforscht, die tödliche Seuchen wie Pest, Ebola oder das Lassa-Fieber auslösen können. Die Forschungseinrichtungen sind Teil von Instituten bzw. einer Universität. Deren Standort ist bekannt, die Lage der Hochsicherheitslabore nicht: Es handelt sich dabei um hermetisch abgeriegelte Gebäude im Gebäude. Mehrere Sicherheitsschleusen, Zahlencodes, Schlüssel, Transponder, Chipkarten sowie biometrische und andere Kontrollen sorgen rund um die Uhr dafür, dass Unbefugte keinen Zutritt erlangen.

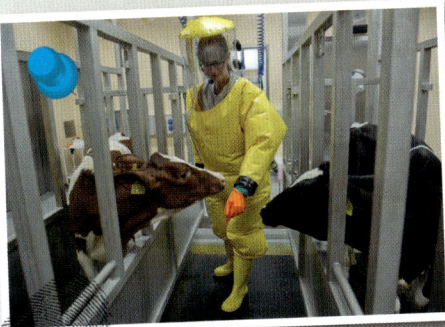

Viermal hochsicher

Berlin, Hamburg, Marburg und die Insel Riems in der Ostsee sind die Orte mit den Laboren der höchsten Sicherheitsstufe. Während die Insel Riems aufgrund der Forschungsarbeiten – das Friedrich-Loeffler-Institut dort ist auf Tierseuchen spezialisiert – für die Öffentlichkeit gesperrt ist, befinden sich die anderen Einrichtungen inmitten von Städten.

Sicherheitswerkbank

Viele Arbeiten erledigen Virologen in einer Sicherheitswerkbank, die nur durch fest eingebaute Gummihandschuhe zugänglich und komplett nach außen hin abgedichtet ist. Werkzeuge und Arbeitsmaterialien gelangen nur über Sicherheitsschleusen hinein. Im Inneren dieses Kastens herrscht Unterdruck. Würde er undicht, könnte keine verseuchte Luft nach außen dringen. Zu- und Abluft werden durch spezielle Filter geschickt und gereinigt.

Speziell geschult

Nur entsprechend ausgebilde-
tes Personal erhält überhaupt
Zugang zu den BSL4-Labo-
ren. Diese Forscher wurden
sehr genau und gründlich in
alle Handlungsabläufe einge-
wiesen und wissen auch, wie
sie mit den einzelnen Sicher-
heitsvorkehrungen umgehen
müssen und wie verseuchter
Abfall zu entsorgen ist. Auch
stundenlang in einem Voll-
schutzanzug zu stecken, ist
nicht jedermanns Sache und
erfordert Übung sowie eine
gewisse Sorgfalt beim An-
und Ablegen. Alle Labore haben eine eigene Luft-, Wasser-
und Stromversorgung.

Schleusenbetrieb

Verschiedene Kammern muss
jeder Virologe durchlaufen,
bevor er an seinen eigentlichen Arbeitsplatz gelangt: die
äußere Schleuse, wo er seine
Straßenkleidung zurücklässt,
eine Personendusche, dann
eine Kammer, in der die Voll-
schutzanzüge an- und ausge-
zogen werden, und schließlich die innere Schleuse mit
Chemikaliendusche. Der Voll-
schutzanzug ist reiß-
fest, komplett
dicht und luft-
undurchlässig,
an ihm sind
Stiefel meist
direkt ange-
schweißt. Luft
kommt über
eine eigene Zu-
leitung in den
Anzug. Gearbei-
tet wird meist mit
bis zu drei Paar
Handschuhen
übereinander.

Notfallpläne

Die vielen Sicherheitsvorkehrun-
gen sollen dafür sorgen, dass kein
gefährlicher Erreger freigesetzt
wird. Passiert es doch, würden sofort Not-
fallpläne greifen. In Berlin steht im an-
grenzenden Virchow-Klinikum der Berliner Charité eine Isolierstation mit
Spezialteam bereit, auf der Betroffene
versorgt werden könnten. Bei einem
Brand hätten Viren keine Chance: Die
große Hitzeeinwirkung würde sie abtö-
ten. Und Terroristen, so meinen die Wissenschaftler, könnten sich leichter und
einfacher Todesviren in der Natur als in
einem Sicherheitslabor besorgen.

VW-Testgelände

Ungefähr 25 km nordwest-lich der Stadt Wolfsburg in Niedersachsen liegt gut im Wald versteckt und weit-räumig mit Sichtschutzzäu-nen abgeschirmt ein 100 km großes Straßennetz: In Eh-ra-Lessien befindet sich eines der weltweit größten Test-gelände für Kraftfahrzeuge. Der Autohersteller Volkswa-gen (VW) schickt dort sämt-liche Neuentwicklungen sei-nes Konzerns auf die Piste. Auf gerader, abschüssiger, kurviger, holpriger und nas-ser Strecke wird das Fahrver-halten der Versuchs-fahrzeuge geprüft, bevor sie in Serie ge-hen. Das alles ge-schieht im Geheimen und unter hohen Si-cherheitsauflagen. Besucher, die das Test-areal betreten dür-fen, müssen am Ein-gang alle Geräte zurücklassen, mit de-nen sie fotografieren oder filmen könnten.

Belastungs-fahrten

1969 richtete VW die Testrecke mit einer 21 km langen Schnellfahrbahn ein. Sie verläuft 8 km schnur-gerade und besitzt an ihren Enden überhöhte Kurven, die eine Höchstgeschwindigkeit von 345 km/h erlauben. Die Testfahrer halten sich an ge-naue Vorgaben beim Fahren, etwa um die Belastung der Reifen, Stabilität, Bremsleis-tung und das Verhalten auf verschiedenen Untergründen herauszufinden.

Elchtest

Im Oktober 1997 führte ein Auto-Journalist mit einem Mercedes der A-Klasse vier Tage nach dessen Verkaufsstart ein abrup-tes Ausweichmanöver aus: Er fuhr mit 60 km/h auf ein Hindernis zu, lenkte abrupt nach links, dann wieder nach rechts. Der Wagen kippte dabei um und überschlug sich. Dieser Vorfall ereigne-te sich in Schweden, in einem Land, in dem Elche oft und unerwartet die Stra-ßen queren, deshalb hieß dieser Spurwechsel von da an »Elchtest«.

Entenproblem

Dynamikfläche heißt ein 250 000 km² großes Areal, ein Teil ihres Asphalts hat keinerlei Fugen. Dort können Fahrmanöver jeder Art – auch mit mehreren Erprobungs-Autos gleichzeitig – durchgeführt werden. Das Gelände hat zwar ein Gefälle von 4 m, trotzdem läuft dort das Regenwasser nicht immer zügig ab. Dadurch wurden eine Menge ungebetener Gäste angezogen: Viele Enten und andere Wasservögel hielten das riesige spiegelnde Gebiet für einen See und versuchten, dort zu landen.

Katz-und-Maus-Spiel

Die Testpiloten, es sind meist Mechaniker oder Ingenieure, sind zur Verschwiegenheit verpflichtet, nichts über ihre Arbeit darf nach außen dringen. Werden Fahrten abseits des hoch gesicherten Testgeländes nötig, um die neuen Wagen – die »Erlkönige« – im Alltag zu erproben, achten die Fahrer darauf, die geheime Technik so gut wie möglich vor neugierigen Berufs- oder Hobbyfotografen zu schützen: Bei Stopps an Ampeln legen sie rasch Matten über Sitze und Armaturenbrett.

Erlkönig-Jäger

Viele Autokonzerne verkleben ihre geheimen Vorab-Exemplare bis zur Unkenntlichkeit mit Folie. So sollen Einzelheiten der Neugestaltung verschleiert werden. Einige Fotografen jagen genau solchen Prototypen hinterher, um sie abzulichten und die Fotos zu verkaufen. Sie schleichen sich an Testgelände heran und liegen dort stundenlang auf der Lauer. Wenn der Werkschutz sie entdeckt, geben sich viele als »Vogelbeobachter« aus.

STRICT CONFIDENCE

1000 Mitarbeiter bringen es im Jahr auf 34 Mio. Testkilometer auf dem VW-Gelände.

Digitale Orte

>> Geheime Welten gibt es nicht nur in der Alltags-wirklichkeit. Auch virtuelle Realitäten brauchen vor neugierigen Augen oder kriminellen Zugriffen geschützte und verborgene Nischen. Unmengen von Daten, die inzwischen nahezu jedes Unternehmen besitzt, lagern auf Servern, die in Gebäuden »auf der grünen Wiese« stehen. Sie mögen unscheinbar wirken, sind jedoch wie Hochsicherheitstrakte ausgerüstet. Andererseits gibt es Bereiche des Internets, die an Geheimbruderschaften früherer Zeiten erinnern. Wer sie über einen Zugangscode oder ein Passwort betritt, möchte sich unbehelligt mit Gleichgesinnten austauschen – oder ist an Machenschaften beteiligt, die der Gesellschaft gefährlich werden können.

Rechenzentren

Rund 18 km von Magdeburg entfernt in dem kleinen Ort Biere wurde im Juli 2014 eines der größten und modernsten Rechenzentren Deutschlands eröffnet. In dem 3600 m² großen Gebäudekomplex haben 20 000 Server Platz. Viele Konzerne, auch internationale, speichern dort wichtige und geheime Daten.

Der Standort für die Datenspeicheranlage wurde mit Bedacht gewählt: In diesem dünn besiedelten und abgelegenen Landstrich fehlen Flughäfen, Flugschneisen und Autobahnen – er ist also nicht unmittelbar erreichbar. Auch mit Naturkatastrophen wie Erdbeben oder Hochwasser ist dort nicht zu rechnen. Das Gelände ist stark abgeriegelt, die Daten hochverschlüsselt: Zutritt, direkt vor Ort oder im Netz, ist für Unbefugte nicht möglich.

STRICTLY CONFIDENCE · STRICTLY CONFIDENCE

Der Speicherplatz im Rechenzentrum Biere reicht derzeit theoretisch für 60 Milliarden E-Books.

Sicher ist sicher

Ein 2 m hoher Zaun, mehrfach gesicherte Zufahrten und Stacheldraht schirmen das Cloud-Rechenzentrum Biere nach außen ab. Es wird zudem von 300 Kameras überwacht; ein 4 m hoher Erdwall, der das Gelände umgibt, könnte selbst einen 40-Tonner stoppen, sollte er auf die Anlage zurasen. Mitarbeiter müssen sich über Handflächen-Scanner ausweisen und Personenschleusen durchlaufen.

Cloud-Computing

Geheimschatullen für Daten – so könnte man Clouds, »Rechnerwolken«, nennen. Anstatt sie im eigenen Unternehmen zu speichern, werden Daten und Programme auf Server hochgeladen. Der Zugriff darauf ist von überall möglich, allerdings nur, wenn man den passenden Schlüssel – also die Zugangsdaten – für die Cloud besitzt.

Auf alles vorbereitet

Für den Fall, dass ein Feuer ausbricht, ist das Rechenzentrum mit eigenen Wassertanks ausgerüstet, um die Flammen sofort löschen zu können. Um die Technik in den Server-Hallen nicht zu ruinieren, würde man Edelgas einleiten, um das Feuer zu ersticken. Seine Stromversorgung gewährleistet das Datenzentrum mit einem eigenen Umspannwerk. Fällt der Strom aus, kann sich der Cloud-Anbieter mit Dieselaggregaten zwei Tage lang mit Elektrizität weiterversorgen.

Cages und Private Rooms

Manche Kunden eines Rechenzentrums möchten mehr Abschottung ihrer Datenserver: Sie mieten sogenannte Cages oder Private Rooms. Cages (also: Käfige) sind durch Gitter vom Gemeinschaftsraum abgetrennt. Stromversorgung und Brandbekämpfung werden aber über Gemeinschaftsanlagen sichergestellt. Private Rooms besitzen feste Wände rund um ihre Servereinheiten. Sie verfügen über eine zusätzliche Zugangskontrolle, eigene Stromversorgung, Klimatisierung sowie Feuerlöschsysteme.

Deep Web

Als böser Bruder des Internets wird das Deep Web (auch: Hidden Web) bezeichnet. Es ist wie ein gewaltiges, digitales Paralleluniversum, das über eine herkömmliche Suchmaschine und dort aufgeführte Links nicht zu finden ist. Das erinnert an einen Geheimbund: Wer ein Mitglied kennt, wird von ihm zu einem Treffen an einem geheimen Ort eingeladen. Auf die digitale Welt übertragen bedeutet das, der Nutzer muss eine bestimmte Software besitzen und nach dem Einstieg wissen, wonach oder nach wem er sucht. Früher wurden Teile des Deep Webs meist als Tauschbörse genutzt, um illegal Musik, Filme oder Bilder herunterzuladen, heute wird dort zunehmend mit Drogen, Falschgeld oder Waffen gehandelt.

Gigantische Datenbank

Nach Expertenmeinung ist das Deep Web tausendmal so groß wie das normale Internet. Aber nicht alle Seiten, die über eine Suchmaschine nicht zu erreichen sind, dienen kriminellen Zwecken. Manchmal wird dem Nutzer der Zugang verweigert, weil die Seite absichtlich gesperrt und nur über ein geheimes oder kostenpflichtiges Passwort zugänglich ist, wie etwa Kundenkonten, Verwaltungsbereiche privater oder öffentlicher Webseiten sowie Archive von Museen oder Bibliotheken.

Kontakt zur Außenwelt

In einigen Ländern der Welt sperrt der Staat aus politischen Gründen bestimmte Seiten des Internets. Für viele Menschen dort ist das Deep Web oft die einzige Möglichkeit, gefahrlos an Informationen zu kommen, eigene Erkenntnisse mitzuteilen oder Missstände – in den USA beispielsweise auch Abhöraktionen von Geheimdiensten – aufzudecken. Um unerkannt surfen zu können, benötigt man den Browser »Tor« als Zugangsmöglichkeit zum Deep Web. Entwickelt wurde er anfangs mithilfe des US-Außenministeriums und US-Militärs. Wegweiser im Deep Web ist das »Hidden Wiki« mit Links zu verschiedenen Themen und Angeboten.

Tor

Das ist die Abkürzung für »The Onion Router«, ein Browser, der verschleiert, wer wo im Web unterwegs ist. Beim Öffnen von Internetseiten mit Tor, es erscheint die Endung ».onion« statt ».com« oder ».de«, werden eine Reihe von Serververbindungsknoten auf der ganzen Welt durchlaufen. Dadurch wechselt die IP-Adresse, die Computer-Adresse, ständig: So bleibt der Nutzer unerkannt.

Online-Schwarzmarkt

Das Deep Web hat aber auch eine dunkle Seite: Spätestens seit dem Amoklauf in München im Juli 2016 ist bekannt, dass es sogar Schülern möglich ist, dort Waffen zu kaufen. Andere versteckte Plattformen bieten LSD, Marihuana, Kokain und andere Drogen an. Doch selbst wenn der Verkauf virtuell geschieht, muss die Ware

irgendwo und durch irgendwen übergeben werden: Spätestens dann kann die Polizei, die unerkannt im Cyberspace ermittelt oder Informanten auch in dieser Szene einsetzt, zugreifen.

Silk Road

Nach der alten Handelsroute »Seidenstraße« benannte sich ein digitaler Schwarzmarkt, vor allem für Drogen, im Deep Web. Dort konnten sich Käufer und Verkäufer anonym treffen, um ihre Geschäfte abzuwickeln. Bezahlt wurde ausschließlich mit der Kryptowährung Bitcoin, eine digitale Geldeinheit. 2014 wurde die Seite von internationalen Geheimdiensten abgeschaltet, hatte aber sofort Nachfolger mit anderen Namen.

STRENG VERTRAULICH

Druckereien

>> Warum sollten Druckereien zu den geheimen Orten zählen? Sie stellen doch Bücher, Zeitschriften oder Zeitungen her, die jeder lesen kann. Nicht alle, denn manche von ihnen haben sich auf etwas anderes spezialisiert: Sie stellen Produkte her, die nicht in falsche Hände geraten dürfen oder nachgemacht werden sollen, wie Pässe, Ausweise, Banknoten oder Postwertzeichen. Heute gibt es viele technische Möglichkeiten, mit denen schon Laien ziemlich echt wirkende Kopien von Dokumenten oder Geldscheinen in hoher Qualität anfertigen können: mithilfe von Scannern mit extrem hoher Auflösung, Farbkopierern oder kleinen Druckerpressen.

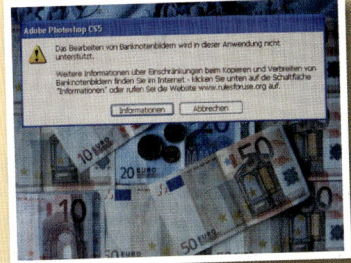

Bundesdruckerei

Pässe und Personalausweise werden in Deutschland von der Bundesdruckerei hergestellt. Seinen Sitz hat der staatliche Betrieb in Berlin-Kreuzberg. Er gilt mit seinen schwer bewachten Toren und meterdicken Mauern als deutsches Fort Knox, zu dem nur Mitarbeiter und Kunden Zutritt haben. Streng geheim ist, auf welchem Papier gedruckt wird und mit welchen Maschinen und sogar, wo und von welcher Firma diese hergestellt wurden. Moderne Ausweise sind mit Datenchips versehen, auf denen wichtige Informationen – ein digitales Foto des Gesichts oder ein digitaler Fingerabdruck – gespeichert sind.

60

Geheimdrucke

Die Bundesdruckerei ging 1763 aus der Decker'schen Druckerei hervor. Sie druckte als Königliche Geheime Ober-Hofbuchdruckerei im Auftrag von Friedrich dem Großen alle staatlichen Dokumente. Ihren heutigen Namen erhielt sie 1951 und fertigte im März 1956 erstmals D-Mark-Scheine, ab 1960 lieferte sie millionenfach neue Bundespersonalausweise sowie auch Reisepässe aus.

Datenreich

2007 und 2010 wurden Reisepässe und Personalausweise zu »E-Pässen«: Sie bekamen Chip-Datenträger. Lesegeräte können die Informationen darauf entschlüsseln, Bürger sich also auch an Geräten ausweisen. Die Technik dahinter erstellten Experten der Bundesdruckerei unter großen Sicherheitsauflagen. Zum Schutz der digitalen Schlüssel, mit denen die Daten entziffert werden können, setzt die Bundesdruckerei auch auf Sicherungssysteme für ihre Computer.

Pass mit Bildschirm

Die Bundesdruckerei entwickelt Pässe mit einem 0,3 mm großen Mini-Display. Der kleine Bildschirm kann Bewegtbilder zeigen, was Pässe zukünftig noch fälschungssicherer machen soll. Bei Kontrollen können Informationen wie Wohnort oder die letzten Reisen des Passinhabers aufgerufen werden, wobei die Daten im Dokument bleiben und nicht auf ein anderes Gerät übertragen werden.

Gesicherte Werte

Die Bundesdruckerei stellt auch Banknoten und Briefmarken her, die per Geldtransporter regelmäßig im Bundesgebiet ausgeliefert werden. Ungefähr 10–15 bewaffnete Einsatzkräfte der Bereitschaftspolizei schützen die wertvolle Ladung in den Transportern selbst oder in gepanzerten Begleitwagen. Müssen die Wagen unterwegs auftanken, tun sie das an abgelegenen Tankstellen abseits der Autobahn, wobei die Sicherheitskräfte den Ort meist mit Waffen im Anschlag bewachen.

Geisterstädte

>> Von Weitem betrachtet, wirkt eine Geisterstadt recht unauffällig: Es gibt Häuser, Fabrikgebäude, Straßen, Parks, Bäume und Spielplätze. Doch irgendetwas fehlt: Menschen! Die Straßen sind wie leer gefegt und es ist erschreckend still. Einige dieser Orte wurden von den Einwohnern aufgegeben, weil sie dort keine Arbeit mehr finden konnten, wie etwa bei alten Goldgräberstädten in Nordamerika. In anderen Städten erkrankten die Menschen durch den Abbau bestimmter Stoffe so stark, dass sie dort nicht weiterleben konnten. Manche Siedlungen wurden aufgrund eines verheerenden Unglücks aufgegeben und die betroffenen Gebiete zu Sperrzonen erklärt. In die alte Heimat zurückzukehren, ist unmöglich: Es wäre lebensgefährlich.

Prypjat

Am 26. April 1986 explodierte nahe der ukrainischen Stadt Prypjat Block 4 des Kernkraftwerks Tschernobyl. Bei diesem größten anzunehmenden Unfall (GAU) wurde radioaktives Material in die Atmosphäre geschleudert, das nicht nur die direkte Umgebung, sondern auch weite Teile Russlands, Weißrusslands und der Ukraine verseuchte. Die radioaktive Wolke zog bis nach Mitteleuropa und zum Nordkap. Anfangs waren die Sicherheitsbehörden damit beschäftigt, die Katastrophe in den Griff zu bekommen, die Bevölkerung wurde nicht informiert. Erst einen Tag später wurden die 50 000 Einwohner, darunter 15 500 Kinder, aus der Stadt gebracht. Um den Reaktor zogen die Behörden wie mit einem Zirkel einen 30 km großen Kreis, der bis heute Sperrzone ist – und Prypjat zu einer Geisterstadt machte.

Plötzlich Todeszone

In den 1970er-Jahren wurde Prypjat als Mustersiedlung für die Arbeiter des nur 4 km entfernt gelegenen Kernkraftwerks und ihre Familien erbaut. Der Katastrophale Unfall passierte an einem schönen Frühlingstag, viele Menschen waren draußen unterwegs. Um ihnen die Angst zu nehmen, durften sie kurz vor ihrer Evakuierung noch einen Rummelplatz besuchen, der eigentlich erst zum Feiertag am 1. Mai eröffnen sollte. Die enorme Strahlung von 4 bis 6,4 Mio. Terabecquerel verwandelte das gesamte Gebiet in eine Todeszone.

INES

Es gibt eine Internationale Bewertungsskala für nukleare und radiologische Ereignisse (INES). Die Schweregrade sind in Stufen von 0 bis 7 eingeteilt und werden als Ereignis ohne oder mit geringer sicherheitstechnischer Bedeutung (0), Störung (1), Störfall (2), Ernster Störfall (3), Unfall (4), Ernster Unfall (5), Schwerer Unfall (6), Katastrophaler Unfall (7) bezeichnet. Die Nuklearkatastrophe von Tschernobyl und die in Fukushima 2011 fallen unter Stufe 7.

Bewusste Fehlinformation

Um eine Panik unter den Menschen zu vermeiden, wurde ihnen gesagt, sie würden Prypjat bloß vorübergehend verlassen. Sie durften nur das Nötigste mitnehmen und mussten ihre Haustiere zurücklassen, weil deren Fell oder Federn mit radioaktivem Staub belastet waren.

Fotos von Prypjat zeigen deshalb komplett eingerichtete Wohnungen, Schulen, die wirken, als hätten die Schüler ihre Klassenzimmer nur zur großen Pause verlassen, und auch der Vergnügungspark mit Riesenrad, Autoscootern und anderen Karussells steht noch. Die gespenstisch leere Stadt wirkt, als wäre dort 1986 einfach die Zeit stehen geblieben.

Geplündert

Bis 1991 gehörte Prypjat zur Sowjetunion, danach zur Ukraine. Bevor die ukrainische Polizei und Armee damit begannen, das gesamte Gebiet zu überwachen, wurde es geplündert: Aus den Wohnungen sind alle wertvollen Gegenstände verschwunden, aus Fabriken die noch funktionierenden Maschinen. An vielen Stellen hat sich die Natur ihren Platz zurückerobert, Bäume wachsen aus Hotel- oder Krankenhauszimmern, und die Plattenbauten beginnen zu bröckeln, da nichts gepflegt oder wiederhergestellt wird.

Geführte Touren

Es gibt ein Unternehmen, das Reisen in das verstrahlte Gebiet veranstaltet. Die Strahlenbelastung, so behauptet es, sei bei einer zweitägigen Tour so hoch wie bei einer Röntgenuntersuchung im Krankenhaus. Zwar gäbe es immer noch einzelne stark radioaktive Stellen, ein Großteil sei inzwischen jedoch tief im Erdboden gebunden. Allerdings wird jedem Touristen geraten, seine Kleidung nach der Besichtigungstour gründlich zu waschen und die Schuhe zu reinigen. Ein Geigerzähler, der die Strahlungsintensität angibt, ist auf der Rundfahrt immer dabei.

2016 besuchten 12 000 Menschen Prypjat. So viele Touristen zählt Disneyland in Paris an zwei Tagen.

Wittenoom

Ein paar verfallene Hütten, eine Telefonzelle und mehrere Schilder, die vor einer tödlichen Gefahr warnen: Viel mehr ist von Wittenoom, einst eine Stadt mit 20 000 Einwohnern im Nordwesten Australiens, nicht übrig geblieben. Drei Minen waren bis 1966 Hauptarbeitgeber im Ort, dann wurden sie aus wirtschaftlichen Gründen geschlossen. Doch wie sich bald herausstellte, hinterließen sie gefährliche Altlasten: Der abgebaute Rohstoff, Blauasbest, hatte das gesamte Gebiet verseucht. Viele Menschen erkrankten an Krebs, daraufhin beschloss die australische Regierung, Wittenoom stillzulegen. 2006 wurde der Geisterstadt die Stromversorgung gekappt, seit 2007 ist sie auf Straßenkarten und -schildern nicht mehr zu finden.

Minensiedlung

Das große Asbestvorkommen wurde in den 1930er-Jahren in der Schlucht Wittenoom Gorge entdeckt. Bald darauf begann der groß angelegte Abbau, der immer mehr Bergarbeiter und ihre Familien anzog. Daraufhin entstand 1947, nur 10 km von der Mine und der Aufbereitungsanlage entfernt, die Stadt Wittenoom. Einen ersten Fall von Asbestose, eine Staublungenkrankheit, gab es bereits 1946, er wurde aber erst viel später als solcher erkannt.

Wunderfaser

Das faserförmige Silikat-Mineral Asbest hat dämmende Wirkung und ist hitze- und säurebeständig. Die sogenannte »Wunderfaser« wurde deshalb vor allem in den 1970er- und 1980er-Jahren weltweit in der Bau- und Elektronikindustrie sowie beim Schiffsbau eingesetzt. Bei seiner Bearbeitung können jedoch winzige Fasern in die Lunge eindringen, sie zerstören oder Krebs verursachen. Der Einsatz von Asbest ist deshalb heute in vielen Staaten verboten – seine Entsorgung bereitet nach wie vor große Probleme.

Tödlicher Staub

Jeder, der in den Anfangsjahren nach Wittenoom kam, berichtete über den Staub, der sich auf Häuser, Gärten, Straßen und Kleidung legte. Die Mine hatte keine Absauganlage, sodass die feinen Teilchen sich überall ausbreiteten. Das Ausmaß der Verseuchung belegten auch mehrere Luftüberwachungsstudien und insgesamt 300 Todesfälle in der Stadt, die dem Asbeststaub zugeschrieben wurden. 1978 beschloss die Regierung von Western Australia die Räumung Wittenooms. Sie kaufte Häuser, Grundstücke und Firmen auf und bezahlte die Umzugskosten für alle, die freiwillig gingen.

Rettung möglich?

Mit der Zeit kam das öffentliche Leben in Wittenoom zum Erliegen: Schule, Kranken- und Polizeistation wurden geschlossen, ebenso das Flugfeld. Zwischen 1986 und 1992 ließ die Regierung rund 50 Häuser abreißen. 1993 kam ein Gutachten zu dem Schluss, der Ort könne vielleicht saniert werden: Dazu müssten jedoch 10 cm des verseuchten Bodens abgetragen, entsorgt und durch Kies ersetzt werden. Doch ob diese Maßnahmen ausreichen würden, konnten die Experten nicht zusichern. Obwohl die Stadt als zu gefährlich gilt, um dort zu leben, haben sich drei Einwohner bis heute geweigert wegzuziehen.

CLASSIFIED

IN STRICT CONFIDENCE ★ IN STRICT CONFIDENCE ★ IN STRICT CONFIDENCE

400 000 m³ verseuchte Erde und belastende Minen-Ausrüstung wurden 2004 in einer Schlucht vergraben.

Untergrundorte

>> Manchmal sind geheime Orte oft nur einen Schritt vom Alltagsleben entfernt, liegen unentdeckt in der Nähe, aber im Untergrund verborgen. An einigen von ihnen gehen Menschen auf dem Weg zur Arbeit täglich vorbei, ohne etwas von ihrer Existenz zu ahnen. Andere einst vertraute Orte verschwinden eine Zeit lang, weil ein Staat aus politischen Gründen bestimmte Mittel wie einen Tarnmantel einsetzt, um sie vor der eigenen Bevölkerung zu verstecken. Manchmal können sich im eigenen Lebensumfeld überraschend neue Räume auftun, von denen man bisher nichts gewusst hat. Eine solche unerwartete Entdeckung ist sehr aufregend und wirft zugleich neue Fragen auf.

Metro-2

Das Gerücht hält sich hartnäckig und seit vielen Jahrzehnten: Im Moskauer U-Bahn-Netz soll eine geheime Metrolinie existieren, die Metro-2. Sie sei während der Sowjetzeit gebaut worden, 150 km lang und stelle eine Verbindung zwischen dem Kreml, Sitz der russischen Regierung, dem Regierungsflughafen Wnukowo, der Kommandostelle des Generalstabs, der Luftabwehr so-

wie Schutzbunkern im Moskauer Umland her. Beweise für ein solches Tunnelsystem gibt es nicht, wohl aber Zugänge zu Schächten, deren Bedeutung unklar ist, die aber stark bewacht werden. Und auch die Frage, was die prunkvollen Schmiedegitter im Boden mancher Metro-Stationen abdecken, bleibt unbeantwortet.

Unterirdischer Palast

Die Moskauer Metro wurde 1935 eröffnet und gilt als die U-Bahn mit den tiefsten Tunneln und Bahnhöfen der Welt. Manche U-Bahn-Stationen gleichen Prachtbauten, sind mit Marmor und sogar Kronleuchtern ausgestattet oder mit herrlichen Mosaiken verziert. Als die Sowjetunion 1941 in den Zweiten Weltkrieg eintrat und Moskau bombardiert wurde, nutzte die Stadt die unterirdischen Räume als Luftschutzbunker.

Atom-Angst

Als sich nach dem Zweiten Weltkrieg die UdSSR und die USA im Kalten Krieg gegenüberstanden, wurden alle unterirdischen Stationen zu atombombensicheren Schutzräumen für die Bevölkerung ausgebaut. Es gab auch versteckt gelegene Bunker, die allein Regierungsvertretern vorbehalten waren und die eine eigene Untergrundverkehrsader erhielten. Um sie anzulegen, nutzten Bauarbeiter die bereits vorhandenen Schächte der öffentlichen Metro für den Bau der Geheimlinie einfach weiter.

Beweise?

Versperrte Treppen und Ausgänge in der Metro, die nirgendwo hinführen. Eine abzweigende Strecke auf einer U-Bahn-Linie zwischen zwei Stationen, die in einer Sackgasse vor einem riesigen Tor endet. Bekannte U-Bahn-Fahrzeuge, die aber auf den normalen Verbindungen nie gesichtet werden: Weisen diese Anhaltspunkte auf die Metro-2 hin? Oder sind es eher Regierungsbeschlüsse, die sich um »ein spezielles Transportsystem« drehen? Insider würden alle nur einen Teil des verborgenen Metrosystems kennen – damit es weiterhin geheim bleibt.

Bekannte Fakten

Das Streckennetz der heutigen Moskauer Metro ist 3331 km lang und hat über 200 Stationen. Täglich werden 7 Mio. Menschen in 4150 Waggons transportiert. 85 Sekunden, in Stoßzeiten nur 45 Sekunden, muss man auf die nächste U-Bahn warten. Die tiefste bekannte Station befindet sich 62 m unter der Erde, die Geheimstationen sollen 80 m tief liegen.

68

Geisterbahnhöfe

Unter den Linden — S 14

In Berlin verschwanden zwischen 1961 und 1989 U- und S-Bahn-Stationen: Mit dem Mauerbau und der Teilung der Stadt wurden in Ost-Berlin die Eingänge zu den unterirdischen Haltestellen zugesperrt, Hinweisschilder abmontiert und

auch auf Stadtplänen waren sie verschwunden. Kurze Einblicke in die verborgenen Orte hatten nur die West-Berliner: Einige Linien fuhren durch das Ostgebiet. Mit gedrosseltem Tempo rollten sie durch verlassene Geisterbahnhöfe, die von Soldaten mit Maschinenpistolen bewacht wurden. Die DDR-Regierung wollte so verhindern, dass Menschen die Tunnel zur Flucht in den Westen nutzten oder gar auf Züge aufsprangen.

Verriegelt

Auch unter Tage gab es eine »Mauer«, die zur Abriegelung der U- und S-Bahn-Haltestellen in Berlin-Mitte diente. Sie bestand aus Rollgittern, meist mehreren schnell hochgezogenen Steinwänden, zugeschweißten Notausgängen und war sogar mit unsichtbaren Alarmschaltern in Trittbrettern gesichert. Wer dort eindrang, musste damit rechnen, von Mitarbeitern der Transportpolizei, so hieß die Bahnpolizei der DDR, festgenommen zu werden.

Letzter Bahnhof

Unter dem Berliner Zentrum entstanden 16 Geisterbahnhöfe: elf unterirdische U-Bahn-Stationen, vier S-Bahn-Stationen der Nord-Süd-Linien sowie der oberirdische S-Bahn-Halt Bornholmer Straße. Bei einer Fahrt über diese Bahnhöfe hörten Fahrgäste kurz vorher die Durchsage »Achtung: Letzter Bahnhof in Berlin (West)!«. Nach dem Fall der Mauer 1989 wurden die Geisterstationen saniert und wieder geöffnet.

Alexanderplatz

Derinkuyu

1963 will ein Mann in Kappadokien, Türkei, sein Haus renovieren. Er reißt eine Wand im Keller ein und entdeckt dahinter einen höhlenartigen Raum. Hinter dem Raum beginnt ein schmaler Gang, der in weitere kleine und riesengroße Räume sowie sich verzweigende Tunnel führt. Wie sich herausstellt, hat er die unterirdische Stadt Derinkuyu entdeckt. Es ist eine gigantische Anlage mit acht Stockwerken, die bis zu 55 m unter der Erde liegen. Bisher wurde wahrscheinlich nur ein Viertel davon freigelegt. Die Untergrundstadt zählt zu etwa 40 ähnlichen Anlagen in der Region, die womöglich durch Geheimgänge miteinander verbunden waren. Für die Öffentlichkeit ist nur ein Teil des unterirdischen Derinkuyu zugänglich.

Höhlenarchitektur

War es das alte Volk der Hethiter, das vor 4000 Jahren in Kappadokien eine ganze Stadt unter die Erde verlegte? Oder waren es verfolgte Christen, die auf diese Weise im Verborgenen ihrer Religion nachgehen konnten? Zumindest wurde neben Lager-, Wohn- und Schlafräumen auch eine Kirche mit kreuzförmigem Grundriss in den Tuffstein gehauen.

Tuff

Dieses Material wird von Vulkanen ausgeworfen und verfestigt sich, wenn es abkühlt. Da Tuff relativ weich, aber dennoch standfest ist, lässt er sich leicht bearbeiten und aushöhlen. Das Gestein wird auch bei der Errichtung von Häusern sowie Kirchen eingesetzt: Für den Kölner Dom nutzten die Baumeister Tuff aus der Eifel, einer Region, die zum Teil durch Vulkantätigkeit entstanden ist.

Luft und Wasser

Das gesamte Höhlensystem von Derinkuyu wird über insgesamt 15 000 Schächte, die bis an die Erdoberfläche reichen, durchlüftet. Durch sie zog auch der Rauch von unterirdischen Feuerstellen in den Küchenräumen ab. Gleichzeitig reichten sie rund 85 m hinunter zum Grundwasser und dienten als Brunnen. Noch bevor das unterirdische Derinkuyu entdeckt wurde, holten sich die Menschen im gleichnamigen oberirdischen Ort über diese Schächte ihr Wasser.

69

Schutzräume

Archäologen vermuten, dass die unterirdischen Räume ursprünglich den Hethitern als Lagerräume dienten und sie später von christlichen Gemeinden zu stadtähnlichen Anlagen ausgebaut wurden. Vom 4.–7. Jh. sollen sie als Fluchtburgen Schutz vor Hunnen, Persern und Arabern geboten haben, worauf Verschlusssteine hindeuten. Andere Forscher sehen eher in dem extremen Klima die Gründe für den Untergrundbau: Die Sommer in der Region sind heiß und trocken, die Winter kalt und schneereich. Eine Stadt unter der Erde würde das ganze Jahr über für ausgeglichene Lebensbedingungen sorgen.

Genialer Verschluss

Sie sehen aus wie riesige runde Mühlsteine, sind aber eine Art Rolltür. Mit ihnen konnten einzelne Gänge von innen leicht verschlossen werden und waren für Angreifer von außen nicht zu bewegen oder zu überwinden. Ein Loch in der Mitte eines solchen Verschlusssteins diente wahrscheinlich als Türspion. Durch eine Öffnung über diesem Stein konnten Speere auf die Feinde geschleudert werden.

Wie viele Menschen hatten in der unterirdischen Stadt Platz? Die Angaben schwanken zwischen 3000 und 50 000.

Shell Grotto

Im englischen Margate in der Grafschaft Kent stieß ein Mann auf einen Ort, der bis dahin noch auf keiner Karte verzeichnet war: 1837 öffnete sich bei der Gartenarbeit die Erde und legte einen Hohlraum frei. Da er selbst zu groß war, um hineinzuklettern, wurde ein kleiner Junge hinuntergelassen. Der berichtete, nachdem er wieder hochgezogen worden war, von einer Höhle voller Muscheln. Und tatsächlich: Shell Grotto, wie die bis dahin geheime Stätte getauft wurde, ist an den Wänden vollständig mit kunstvollen Mosaiken bedeckt. Wer diese unterirdischen Räume wann und zu welchem Zweck geschaffen hat, ist nicht bekannt.

Muschelreich

Shell Grotto liegt etwa 2 m unter der Erde und besteht aus einem 21 m langen gewundenen und 2,40 m hohen Gang. Er führt in einen runden Raum mit innerer Säule und einem Oberlicht. Von dort aus geht es in einen 5 x 6 m großen Raum, der Altarraum genannt wird. 4,6 Mio. Muscheln, die weitgehend von der Küste bei Margate stammen, sind an den Mauern zu Blumen, Sternen, Kreisen, Lebensbäumen, Götter- und Göttinnen-Figuren angeordnet.

Rätselraten

Schon 1838 durften die ersten Besucher die Grotte betreten. Und sie begannen zu rätseln, um was es sich bei diesem ungewöhnlichen Ort handeln könnte: um einen alten Tempel, eine Kultstätte oder den Treffpunkt einer geheimen Sekte? Trotz eingehender Forschungen konnten Experten noch nicht einmal ihr genaues Alter bestimmen.

Mosaike

Sie gelten als eine besondere Form der Maltechnik: Mosaike, bei denen verschiedenfarbige oder unterschiedlich geformte Teile aus allen möglichen Materialien zu Bildern zusammengesetzt werden. Vor allem im antiken Griechenland und Rom wurden so mit Kieseln, später extra zugeschnittenen farbigen Steinen, nicht nur Wände verziert, sondern auch Fußböden großflächig gestaltet.

Verbotene Orte

» Nicht alle Menschen haben zu allen Orten und zu jeder Zeit freien Zutritt. Manchmal ist dies nur wenigen Personen an wenigen Tagen gestattet und aus sehr unterschiedlichen Gründen. Sie können religiöser Art sein, mit Machtverhältnissen oder Besitzansprüchen zu tun haben, uralten Ritualen oder dem Schutz der eigenen Lebensweise geschuldet sein. Solche Orte sind dann aufgrund des Zugangsverbots geheim, weil seine Bewohner es so wollen oder Eingeweihte ihn beispielsweise vor Fremden schützen oder rein halten wollen. Diese verbotenen Orte wecken die Neugier und manchmal entsteht durch Berichte von Besuchern ein Bild von ihnen.

Vatikanisches Geheimarchiv

»Archivum Secretum Apostolicum Vaticanum« wird das persönliche Archiv des Papstes auf Latein genannt. Es befindet sich in einem Gebäude in den Vatikanischen Höfen hinter dem Petersdom und umfasst 85 km Regale mit endlos vielen Büchern. Das Archiv ist nicht wirklich »geheim«, aber auch nicht jedermann zugänglich. Forscher mit einem abgeschlossenen Hochschulstudium und Empfehlung von einer Universität dürfen hinein, aber nur ohne Handy und angemessen gekleidet. Damit es nicht zu unruhig zugeht, darf immer nur jeweils ein Wissenschaftler ein Thema bearbeiten. Neu sind die zur Verfügung gestellten Schriften nicht: Erst 70 Jahre nach ihrer Entstehung ist Einsicht in sie erlaubt.

Der »Bunker«

Erst im 17. Jh. wurden die wertvollen Schriften des Vatikans in einem Archiv zusammengefasst und lagerten in der Engelsburg, Fluchtburg und Gefängnis der Päpste. 1810 wurde es von Napoleon geplündert, nach Paris verschleppt und erst 1815–1817 – leider unvollständig – wieder zurücktransportiert. Heute lagern besonders empfindliche Schriften im sogenannten Bunker, zwei Stockwerke unter der Erde. Er wird künstlich beleuchtet und soll atombombensicher sein.

Kostspieliger Rücktransport

Der Vatikan ließ einen Großteil des von Napoleon nach Paris verschleppten Archivs zurückbringen. Das Geld reichte allerdings nicht für den Transport aller Schriften. Es wird vermutet, dass eine ganze Reihe kostbarer Akten bei französischen Altpapierhändlern landeten.

Wertvolle Schriften

Die ältesten Dokumente des päpstlichen Archivs waren Papyrusrollen aus dem 4. Jh., die jedoch verloren gingen. Heute ist es eine Schrift aus dem 8. Jh. Unter den Beständen befinden sich Briefe von unschätzbarem Wert an verschiedene Päpste, unter anderem von Michelangelo, Kaiser Friedrich Barbarossa, dem amerikanischen Präsidenten Abraham Lincoln und der österreichischen Kaiserin Sissi. Auch eine Papstehrung für den 13-jährigen Komponisten Wolfgang Amadeus Mozart, der von Papst Clemens XIV. in einer Privataudienz den Ritterorden vom »Goldenen Sporn« erhielt, ist zu finden.

Es bleibt spannend

2019 könnte der jetzige Papst Franziskus die Unterlagen von 1939 aus der Zeit von Papst Pius XII. freigeben. Umfang: 16 Mio. Seiten in 250 000 Pappschachteln. Sollten sie zu aufsehenerregend sein, kann er sie jedoch zurückhalten. Manchmal finden Wissenschaftler oder Archivare auch verlegte Schriften wieder, wie eine 700 Jahre alte, aus 80 Pergamenten bestehende, 56 m lange Akte des Templerordens, eines Geheimbundes.

Ise-Schrein

In einem Waldstück an der Ise-Bucht auf der japanischen Hauptinsel Honshū liegt Japans höchstes Heiligtum: der Ise-Schrein. Auf dem Gelände mit zwei Hauptschreinen und 125 Nebenschreinen, dürfen Besucher sich zwar frei bewegen, die beiden Hauptschreine, den Inneren Schrein (Naiku) und Äußeren Schrein (Geku), aber nicht betreten. Das ist nur dem japanischen Kaiser (Tenno), seinen Verwandten und Gesandten erlaubt. Im Naiku, so wird vermutet, befindet sich eine der drei Throninsignien Japans, ein Spiegel. Die kaiserliche Familie besucht den Schrein regelmäßig, vor allem anlässlich wichtiger Ereignisse in ihrem Leben.

Göttinnen-Hain

Im schlichten Holzstil sind die Schreine gehalten, in denen die Göttin Amaterasu und ihre Versorgerin, die Göttin Toyouke, verehrt werden. Sie liegen – 5 km voneinander entfernt – in einem Waldstück. Der Bereich rund um den Naiku kann nur über eine Brücke erreicht werden, die über den heiligen Fluss Isuzu führt. Gläubige reinigen sich mit seinem Wasser, bevor sie den Naiku-Bereich betreten.

Amaterasu

Die »am Himmel scheinende große erlauchte Göttin« Amaterasu ist die wichtigste Gottheit des Shinto, einer Religion in Japan. Sie gilt als Sinnbild für die Sonne. Der Legende nach zog die Göttin sich einst in eine Höhle zurück und die Welt tauchte in Finsternis. Erst ein Tanz und ein Spiegel lockten sie wieder hervor. Der erste Tenno Japans und alle seine Nachfolger führen ihre Abstammung auf sie zurück.

Ständige Wiederbelebung

Alle 20 Jahre werden sämtliche Gebäude der 125 Schreine abgerissen und in ihrer alten Form haarklein wieder aufgebaut. Mit dieser Zeremonie, die seit dem 7. Jh. besteht und deren Vorbereitung acht Jahre dauert, soll der Geist Japans neu belebt werden. Das Holz dafür stammt von Hinoki-Scheinzypressen aus dem Wald auf dem Gelände. Der jetzige Schrein entstand bei der 62. Schreinverlegung 2013.

Kaaba/Mekka

Es gilt als Ziel im Leben eines jeden Muslims: eine große oder kleine Wallfahrt nach Mekka, dem Geburtsort des Propheten Mohammed, zu unternehmen. Zur Hadsch beziehungsweise Umra gehört das Ritual, die Kaaba siebenmal gegen den Uhrzeigersinn zu umrunden. Dieses große, dunkle, würfelförmige Gebäude steht im Innenhof der Heiligen Moschee. Sie steht auch im Mittelpunkt des islamischen Gebets, die Gläubigen sollen sich dabei nach ihr und damit auch nach Mekka ausrichten. Ihr Inneres ist verschlossen und darf von der Öffentlichkeit nicht betreten werden. Zweimal im Jahr findet eine Zeremonie statt, die »Reinigung der Kaaba«.

Erstes Haus Gottes

Der allererste Mensch, Adam, gilt als Erbauer der Kaaba als allererstes Gotteshaus. Da es aber in Vergessenheit geriet und verfiel, wurde es später wiederhergestellt. Heute ist die Kaaba ein etwa 12 m x 10 m x 15 m großes Gebäude, das auf einem Mamorsockel steht. Ihre vier Ecken zeigen fast genau in die vier Himmelsrichtungen. Am Schwarzen Stein, eingelassen in der östlichen Ecke, beginnt die Umkreisung der Kaaba, das Tawaf.

Großreinemachen

15 Tage vor Ramadan, dem Fastenmonat, und vor der Hadsch wird die Kaaba gefegt, ihre Marmorfliesen mit Duftölen gesalbt. Dieser Zeremonie dürfen einige Würdenträger und Diplomaten beiwohnen. Angehörige des Stammes der Banu Schaiba öffnen und schließen den heiligen Ort und sie verwahren den Schlüssel. Das Kaaba-Innere wird von drei Säulen gestützt und es soll einen kleinen abgeteilten »Buße-Raum« geben.

Kiswa

Ein schwarzes Brokatstofftuch, die sogenannte Kiswa, umhüllt die Kaaba. Es ist im oberen Teil mit prächtigen Ornamenten und Koran-Suren aus Gold- und Silberdrähten verziert. Sie wird jedes Jahr ausgetauscht und das alte Tuch, in kleine Stücke geschnitten, an die Pilger verkauft. 100 Männern fertigen das 14 m hohe und 40 m lange Tuch innerhalb eines Jahres in einem staatseigenen Betrieb an.

Berg Athos

Im Norden Griechenlands liegt die Halbinsel Chalkidiki, auf der sich die Mönchsrepublik Athos befindet, die auch Berg Athos oder Heiliger Berg genannt wird. Sie ist bekannt für ihre zahlreichen Klöster mit wertvollen Kunstschätzen, darunter Fresken, Ikonen und Handschriften, und dafür, dass Frauen und auch die meisten weiblichen Tiere sie nicht betreten dürfen. Der Grund: Die Halbinsel ist Maria, der Mutter Gottes, gewidmet, der reinsten aller Frauen. Sie soll dort einst mit einem Schiff angelegt und die dort lebenden Eremiten getauft haben. Mehrere Versuche von Regierungsseite, das Frauenverbot aufzuheben, schlugen bis heute fehl: Für eine Hälfte der Welt bleibt dieser Ort geheim.

Geschlossene Gesellschaft

Die Klosterrepublik Athos mit ihren 20 Großklöstern und dem namensgebenden 2033 m hohen Berg Athos ist knapp 350 km^2 groß. Seit dem 10. Jh. wird sie von orthodoxen Mönchen regiert. Ungefähr 2300 von ihnen leben dort sowie zusätzlich Angestellte, Polizisten und Aushilfen, die jedes Jahr wechseln. Es gibt eine Grenze zu Griechenland und Schilder, die anzeigen, dass Frauen der Zutritt verboten ist. Aber auch männliche Gäste brauchen eine Einreiseerlaubnis.

Einreiseerlaubnis

»Diamonitirion« heißt das Visum, das es männlichen Touristen erlaubt, Athos und seine Klöster vier Tage lang zu besuchen. Die Pilger, wie die Besucher von den Mönchen bezeichnet werden, müssen das Papier beim Empfang auf der Insel vorzeigen und es während ihres Aufenthalts ständig bei sich tragen. Jeweils nur zwölf Besucher täglich erhalten ein Visum.

CLASSIFIED

Eine für alle

Indem sie Maria verehren, so erklären die Mönche, verehren sie alle Frauen. Frauen brauchen die Insel also nicht zu besuchen, weil sie bereits durch die Mutter Gottes dort vertreten sind. Diesem Gedankengang schlossen sich griechische Politiker und die der Europäischen Union nicht an. Das »Ávaton«, wie das Frauenverbot auf Athos heißt, verstößt ihrer Meinung nach gegen die Gleichberechtigung von Mann und Frau. Bei einer Abstimmung im Europaparlament gab es zwar eine Mehrheit für seine Abschaffung, das Ergebnis war jedoch rechtlich nicht bindend.

Weibliche Tierhelfer

Auch alle Tiere in dieser abgeschiedenen Welt sollen männlich sein, so auch Lasttiere wie Esel, Pferde und Maultiere. Viehzucht können die Mönche in ihrem Staat also nicht betreiben. Nur wild lebende Tiere und Bienen sind vom »Ávaton« ausgenommen, ebenso Katzen, da sie den Heiligen Berg von Mäusen, Ratten und Schlangen frei halten. Die Athos-Klöster sind

berühmt für ihre Ikonenmalerei. Zum Anmischen der Farben wird Eidotter verwendet – früher stammte es von eigenen Hühnern, inzwischen liefern es »auswärtige« Hennen.

Protest

Immer wieder demonstrieren Frauen gegen ihren Ausschluss aus dem Athos-Gebiet: 1969 übertraten fünf griechische Urlauberinnen die Grenze zur Mönchsrepublik, 2008 taten es ihnen sechs weitere nach, allerdings vor laufenden Fernsehkameras. Ab und zu verirren sich Touristinnen nach Athos, andere geben sich als Männer aus, um diesen geheimen Rückzugsort der Priester zu erforschen.

STRICTLY CONFIDENCE ★ IN STRICT CONFIDENCE

Seit 2008 hat Athos eine eigene Briefmarke. Sie gilt nur für Sendungen, die von dort verschickt werden.

North Sentinel

Sie liegt im Indischen Ozean rund 1000 km östlich von Indien und gehört zur Inselgruppe der Andamanen: die tropfenförmige Insel North Sentinel. Obwohl sie nur 75 km² misst, ist sie wenig erforscht. Ihre Bewohner, die Sentinelesen, vertreiben jeden, der versucht, in ihren Lebensraum einzudringen. Sie wollen den Lebensstil ihrer Vorfahren beibehalten, die vor etwa 55 000 Jahren aus Afrika kamen und die Insel besiedelten. Einem Filmteam gelang es 1974 unter Einsatz seines Lebens, Aufnahmen von den »Steinzeitmenschen« zu machen. Der Versuch Indiens, auf der Insel eine Kokosnussplantage anzulegen, scheiterte. Seit 1996 ist North Sentinel Sperrgebiet, in dem das isolierteste Volk der Welt lebt.

Lebensgefahr

1981 lief der chinesische 16 000-t-Frachter »Primrose« vor North Sentinel auf Grund. Was wie ein tropisches Paradies erschien, entpuppte sich bald als Horrorinsel: Die 33-köpfige Besatzung wurde von Eingeborenen mit Pfeil und Bogen sowie meterlangen Speeren bedroht. Da sie ihr Schiff nicht frei bekamen, sahen die Matrosen elf Tage mit an, wie die Sentinelesen Einbäume zimmerten, um damit den Frachter zu entern. Erst ein Helikopter konnte die Seeleute ausfliegen.

Der Wächter

Nur zufällig hat ein Satellit, den die Europäische Weltraumorganisation (ESA) 2014 zur Umweltbeobachtung ins All schickte, einen ähnlichen Namen wie die Insel: Sentinel 1A, was »Wächter« bedeutet. Er tastet per Hightech-Radar die Erdoberfläche ab und erstellt so Bilder. Die wenigen Fotos, die von North Sentinel existieren, wurden von ihm aufgenommen.

Kokosnüsse

Alle zehn Jahre gibt es auf North Sentinel eine Volkszählung: Kokosnüsse, das einzige Geschenk, das die Insulaner akzeptieren, werden an den Strand gelegt. Von Weitem wird gezählt, wie viele Insulaner sie einsammeln. Demnach leben dort 50 bis 80 Menschen.

Ni'ihau

Westlich der größeren Insel Kaua'i im Hawaii-Archipel liegt Ni'ihau, die »Verbotene Insel« genannt wird. Sie ist seit 250 Jahren im Besitz einer Familie, die beschlossen hat, den Zugang zu ihr zu untersagen. Damit wollte sie sowohl bedrohte Tiere und Pflanzen schützen als auch die Kultur der Hawaiianer. Es gibt kein Stromnetz, wohl aber einige Generatoren, kein fließendes Wasser und kein Telefonnetz, statt mit Geldmünzen und -scheinen wird mit Muscheln bezahlt. Angeblich darf, wer einmal die Insel verlassen hat, sie nie wieder betreten. Ein Blick von außen ist aber auch Touristen erlaubt: bei einer Bootsfahrt entlang ihrer Küste oder bei einem Helikopterrundflug.

Robinsons Insel

Elizabeth McHutchinson Sinclair, die Witwe eines Kapitäns der britischen Royal Navy, kaufte die 180 km² große Insel 1864 für 10 000 Gold-Dollars vom hawaiianischen König Kamehameha V. Einer ihrer Nachkommen, Aubrey Robinson, schloss Ni'ihau 1915 von der Außenwelt ab. Selbst Verwandte der hawaiianischen Ureinwohner durften nur mit seiner Zustimmung – die er selten gab – die Insel betreten.

Leichte Öffnung

Die Familie Robinson betrieb eine Farm auf Ni'ihau, auf der nahezu alle Inselbewohner beschäftigt waren. Als sie 1999 schließen musste, waren plötzlich alle Menschen arbeitslos. Die Robinsons sorgen weiter für ihren Lebensunterhalt. Sie finanzieren das, indem sie dem US-Militär Gelände überlassen haben und gelegentlich Jagdsafaris auf der Insel zulassen.

Königreich Hawaii

Erster Regent des Königreichs Hawaii war Kamehameha I., der 1810 den Thron bestieg. Seine nahen und entfernteren Nachkommen regierten bis 1893. Nachdem die letzte Königin gestürzt wurde, entstand die Republik Hawaii. Sie bestand fünf Jahre, dann erklärten die USA das Gebiet zu ihrem Besitz. Seit 1959 ist Hawaii der 50. US-Bundesstaat.

Nicht-Orte

>> Manche Orte sind so geheim, dass sie niemand finden kann. Man könnte denken, die sind aber sehr gut versteckt, dabei gibt es sie gar nicht. In früheren Zeiten rühmten sich Seefahrer bei ihren Herrschern und Auftraggebern mit der Entdeckung von Landmassen, die sie auf Karten einzeichneten, obwohl sie nur ihrer Fantasie entsprungen waren. Auch heute erfinden Machthaber oder reiche Geldgeber Orte und lassen sie sogar errichten. Oft entsprechen sie aber mehr ihren Vorstellungen von Leben, als tatsächlich real zu sein.

Sandy-Island

Jahrhundertelang war Sandy Island auf vielen Landkarten verzeichnet: Demnach lag die Tropeninsel im Korallenmeer zwischen Australiens Ostküste und der Inselgruppe Neukaledonien. Als sich 2012 ein australisches Forschungsschiff aufmachte, um die Insel zu erkunden, fand sie an dieser Stelle – rein gar nichts! Konnte ein 20 km langes und etwa 5 km breites Stückchen Erde einfach so verschwinden, etwa durch eine Naturkatastrophe wie ein Seebeben oder einen Tsunami? Nach weiteren Untersuchungen, wie der Meerestiefe, kamen die Wissenschaftler zu einem anderen Schluss: Die geheimnisvolle »Sandinsel« war nicht verloren gegangen, es hatte sie nie gegeben, sie ist eine Phantominsel.

Punkt auf der Karte

Der Kapitän des Walfängerschiffs »Velocity« sichtete 1876 vermeintlich Sandy Island. Er hatte hohe Brandungswellen und Sandbänke ausgemacht und deren Lage mit Koordinaten festgehalten. Bald darauf tauchte die Insel auch in einem Handbuch für Seefahrt auf, allerdings mit dem Vermerk, weitere Erkundungen seien nötig. Die fanden aber gar nicht statt, Kartenhersteller übernahmen den Eintrag ungeprüft.

Koordinaten

Mit geografischen Koordinaten kann die genaue Lage eines Punktes auf der Erde bestimmt werden. Die Weltkugel ist dazu in 360 Längen- und 180 Breitengrade aufgeteilt. Breitengrade verlaufen parallel zum Äquator, Längengrade durch Nord- und Südpol. Ein Grad (°) wird in Minuten ('), jede Minute in Sekunden (") angegeben: Sandy Island hatte die Koordinaten 19°12' 44" südlicher Breite, 159° 56' 21" östlicher Länge.

Gelöscht

Es ist recht schwer zu entdecken, dass etwas nicht vorhanden ist: Selbst der Internetriese Google hatte sich nicht auf seine Satelliten verlassen, sondern ebenfalls altes Kartenmaterial genutzt und ihm vertraut: Vermutlich galt Sandy Island als zu klein, um aus dem All erfasst werden zu können. Nachdem die Forscher ihre Ergebnisse bekannt gegeben hatten, schwärzte Google Ende 2012 Sandy Island zunächst auf seinen Karten. Später war dort nur noch Meer zu sehen.

Virtuelle Trauminsel

Da Sandy Island aber auch bei Google Earth erschien, eine luftbild- und satellitengestützte Darstellung der Erde, vermaßen Forscher die angegebene Stelle 2012 erneut: Das Meer ist dort 1400 m tief, so weit konnte keine Landmasse abgesunken oder von solch enormen Wassermassen überschwemmt worden sein. Nach längerem Rätselraten zogen die Geografen den einzig möglichen Schluss: Die Insel existierte gar nicht.

Geisterinseln

Sandy Island ist nicht die einzige Phantom- oder Scheininsel. Es gibt wahrscheinlich noch um die 100 Inseln, die als »Entdeckungen« auf historischen Karten eingezeichnet und ungeprüft übernommen wurden. Das sorgt immer wieder für Überraschungen. 2009 wollten Wissenschaftler die Insel Bermeja vor der mexikanischen Halbinsel Yukatan nach Rohstoffen erkunden. Sie wurde weder von Schiff noch Flugzeug gefunden, weil sie reine Erfindung war.

STRICTLY CONFIDENCE

Den schönsten Namen für eine Phantominsel vergab ein portugiesischer Seefahrer im 15. Jh.: »Das Neue Land des Kabeljaus«.

Kijŏng-dong

*Zwischen den beiden ver-
feindeten koreanischen
Staaten liegt eine demi-
litarisierte Zone mit zwei
Dörfern: das südkorea-
nische Daeseong-dong
und das nordkoreanische
Kijŏng-dong. Der südkore-
anische Ort ist bewohnt,
die nordkoreanische Sied-
lung hingegen besteht
zwar aus Häusern, Kinder-
gärten, Schulen und Stra-
ßen, aber von den angeb-
lich 200 Einwohnern ist nie
jemand zu sehen. Mithil-
fe von Fernrohren lässt sich
erkennen, dass viele Ge-
bäude noch nicht einmal
Glasfenster haben, und in
den Wohnungen geht im-
mer zur ein und dersel-
ben Uhrzeit abends das
Licht an – wahrscheinlich
per Zeitschaltuhr. Das
Hochglanzdorf wurde
nur errichtet, um einen
lebenswerten Alltag in
Nordkorea vorzugau-
keln.*

CLASSI

Propagandadorf

Die demilitarisierte Zone wurde 1953 angelegt, um den
Krieg zwischen den beiden
koreanischen Staaten zu been-
den. Noch heute befinden sich
in der rund 4 km breiten Puf-
ferzone Minenfelder. Direkt
hinter der Grenze zog Nordkorea sein »Friedensdorf« hoch,
das die Südkoreaner nur als
»Propagandadorf« bezeich-
nen: Sie wissen, dass Nordkorea arm ist und versucht, Werbung für sich zu machen. In
dem »falschen« Ort gibt es
weder Bewohner, noch dürfen
Besucher ihn betreten.

Potemkinsches Dorf

Eine schöne Oberfläche mit
nichts dahinter wird als »Po-
temkinsches Dorf« bezeichnet.
Die Redewendung geht angeblich auf den russischen Feld-
marschall Potemkin zurück. Er
hatte im 18. Jh. Zarin Kathari-
na der Großen Gebiete auf der
Krim als fein herausgeputzt
vorgeführt – dabei waren es
nur bemalte Kulissen.

Fahnenmast-Duell

Als in Kijöng-dong ein Fahnenmast errichtet wurde, baute Daeseong-Dong in den 1980er-Jahren ein 100 m hohes Gegenstück, das den Mast in Nordkorea ein klein wenig überragte. Das konnte die nordkoreanische Seite nicht auf sich sitzen lassen: Arbeiter errichteten einen 160 m hohen Fachwerkturm, der als der vierthöchste Fahnenmast der Welt gilt. An ihm ist die 270 kg schwere Flagge Nordkoreas angebracht. Bisher hat Südkorea noch nicht wieder nachgezogen.

SECRET

Größenwahn

Überlegenheit versucht Nordkorea auch mit anderen Bauten zu demonstrieren. Eines der spektakulärsten Gebäude ist das Ryugyŏng Hotel mit 105 Stockwerken in der Hauptstadt Pjöngjang: An ihm wird seit 1987 gebaut, bisher ist es noch nicht fertiggestellt. Mit seinen geplanten 330 m sollte es das höchste Hotel der Welt und der höchste Wolkenkratzer Asiens werden – Letzteres ist heute der Burj Khalifa in Dubai mit 828 m.

Dauerbeschallung

Bis ins Jahr 2004 wurden bis zu 20 Stunden am Tag über riesige Lautsprecher die Vorteile Nordkoreas gegenüber Südkorea ins benachbarte Dorf verbreitet. Unterbrochen wurde das Ganze nur von Marschmusik, staatstreuen Opern und dem Aufruf an die südkoreanische Bevölkerung, doch zu ihrem eigenen Besten die Seiten zu wechseln. Als das keinen Erfolg zeigte, unterschrieben die beiden koreanischen Länder einen Vertrag, der Lautsprecherdurchsagen verbietet.

Kangbashi

Abgelegen in einer Wüstenlandschaft in der Inneren Mongolei liegt Kangbashi, das auf den ersten Blick wie eine moderne Großstadt wirkt: Es gibt eine Reihe von Wohnblocks, weitläufige Plätze und Parkanlagen, eine Kunsthalle, ein Theater, ein Geschäftsviertel, Fünf-Sterne-Hotels und eine vierspurige Autobahn. Das Einzige, was fehlt, sind genügend Menschen, die sie mit Leben füllen. Die Planstadt, auch New Ordos genannt, ließ die chinesische Regierung ab 2004 für 300 000 Menschen errichten, weil in der Nähe riesige Kohle- und Gasvorkommen entdeckt wurden. Heute leben dort nach Schätzungen nur etwa 5000 Menschen. Aber vielleicht ist der Ort gar nicht zum Wohnen gedacht, sondern dazu, mit ihm insgeheim Geld zu verdienen.

Fehlplanung?

In der nur 25 km entfernten »Zwillingsstadt« Dongsheng leben und arbeiten bis zu 1,6 Mio. Menschen. Der chinesische Staat hielt es deshalb für eine gute Idee, direkt nebenan Kangbashi hochzuziehen. Viele reiche Leute kauften Wohnungen dort, zogen aber nicht ein und vermieteten sie auch nicht – ihr Besitz ist für sie eine reine Geldanlage.

Leeres Museum

Ganz und gar futuristisch wirkt das 2011 fertiggestellte 41 000 m² große und 40 m hohe Museum von Kangbashi. Es ist ganz und gar mit Metall-Lamellen verkleidet, um es vor Sandstürmen zu schützen, und bildet mit seinen gewölbten Formen die Dünen der Wüste Gobi nach. In seinem Inneren fallen schluchtartige Korridore und gekrümmte Wände auf. Ausstellungen mit Besuchern gab es bisher nicht.

die Regierung, die Stadt weiterzuentwickeln. Daher bleibt sie wohl dauerhaft eine Baustelle, ein weiterer Grund, sie zu meiden. Und auch Touristen, die durch die moderne Architektur und monumentale Dschingis-Khan-Skulpturen angelockt werden sollten – die an die mongolischen Wurzeln erinnern –, blieben aus.

Ewige Baustelle

Viele Chinesen wollen nicht in Kangbashi leben, weil es dort keine Schulen, Krankenhäuser oder Restaurants gibt. Trotz des Leerstands plant

Geheime Geldmaschine

Geld, das in China mit der Industrie oder beim Abbau von Rohstoffen verdient wird, fließt oft in den Kauf von Grundstücken oder in die Errichtung von Häusern oder ganzer Städte. Das Geld bleibt in der Region und kommt über die Bautätigkeit und den Verkauf von Wohnungen, egal ob sie bewohnt werden oder nicht, wieder Firmen vor Ort zugute. Ob

Kangbashi irgendwann einmal mit dem sich immer weiter ausdehnenden Nachbarort Dongsheng zusammenwächst, belebt wird oder auf Dauer unbewohnt bleibt, spielt dann nicht wirklich eine Rolle.

Leere Städte

Kangbashi ist nur eine von vielen weiteren sogenannten leeren Städten in ganz China: Sie entstehen überall im Land, oft in Vorstädten von Mega-Citys wie z. B. Shanghai. Einige werden sogar von deutschen Stadtplanern entworfen. Da sich viele Menschen aber eine der neuen teuren Wohnungen in solchen Städten nicht leisten können, kommt es trotz massenhaft vorhandenen Wohnraums zu Wohnungsnot.

STRICT CONFIDENCE · IN · STRICT CONFIDENCE · IN

In Kangbashi leben auf 1 km² 18 Menschen. In Berlin sind es rund 3950, in Manhattan rund 27 500.

Vergessene Orte

>> Sie sorgen dafür, dass Archäologen Arbeit haben: Orte, die einmal Teil einer Stadt, einer Siedlung oder einer größeren Anlage waren und im Laufe der Zeit von ihren Bewohnern verlassen und dann vergessen wurden. Oft wird in Legenden von ihnen erzählt, was die Fantasie beflügelt und Abenteurer, Wissenschaftler und Forscher dazu veranlasst, sich auf die Suche nach ihnen zu machen. Selbst in modernen Zeiten können Orte in Vergessenheit geraten. Besonders erstaunlich ist es, wenn das in einer der am dichtesten besiedelten Städte der Welt geschieht – und es Gärtner sind, die einen solchen vergessenen Ort wiederbeleben.

Hallett Nature Sanctuary

67 Jahre lang war das Hallett Nature Sanctuary ein gut gehütetes Geheimnis – und das mitten in einer der größten Metropolen der Welt: New York. 1934 erklärte ein Stadtplaner das 1,6 ha große Waldgebiet im Südosten des Central Parks zum Vogelschutzgebiet und ließ es für die Öffentlichkeit schließen. Es geriet mehr oder weniger in Vergessenheit, was dem Stückchen Wildnis in der Großstadt nur zum Teil guttat: Zwar begannen wilde Vögel dort zu nisten, es siedelten sich aber auch unerwünschte Pflanzen an, die einheimische Bäume, Sträucher und Blumen verdrängten. Bereits in den 1980er-Jahren wurde die Parkverwaltung auf das Gebiet aufmerksam und gab ihm seinen heutigen Namen. Seit 2013 können Besucher das Schutzgebiet bei geführten Touren durchwandern.

Dornröschen erwacht

Zu Ehren des Naturforschers und Vogelbeobachters George H. Hallett Jr. wurde »The Promontory« (deutsch: Landzunge) umgetauft. Ab 2001 wurde dann viel Geld investiert, um das unzugängliche Stückchen Land wieder instand zu setzen, dabei halfen auch Freiwillige mit. Sie legten Wege an, während Mitarbeiter der Parkverwaltung den Metallzaun, der das Hallett Nature Sanctuary umgab, durch ein schön gearbeitetes Holzgitter aus alten, im Central Park gefällten Bäumen ersetzten.

Robert Moses

Dieser einflussreiche Stadtplaner war ab den 1930er-Jahren unter anderem für den Brückenbau in New York zuständig sowie für die Errichtung anderer Bauprojekte wie Stadtautobahnen, das Lincoln Center, ein Kulturzentrum, und für die Parkanlagen der Millionenstadt. Ein Stückchen New York sollte nach seinem Willen Rastplatz für Zugvögel werden, was durch die Abschottung eines kleinen Teils des Central Parks gelang: Bis heute machen sie dort zweimal im Jahr, im Frühling und Herbst, halt.

Wildtiere in der Stadt

Das Schutzgebiet ist nur von Anfang Juli bis Ende August an vier Tagen in der Woche geöffnet. Es soll Zufluchtsort für Vögel und andere Tiere wie Eichhörnchen, Waschbären und Schnappschildkröten bleiben, die sich in diesem abgeschiedenen Teil des Central Parks wohlfühlen. 2006 sichteten Angestellte der Parkverwaltung sogar einen Kojoten, den sie »Hal« nannten. Als Geheimtipp im Hallett Nature Sanctuary gilt eine kleine Anhöhe, es soll die dritthöchste in New York sein. Von dort kann man den vorgelagerten »Pond«, einen kleinen See, betrachten – und New Yorks Wolkenkratzer.

Bildnachweis

© 2017 arsEdition GmbH, Friedrichstraße 9, 80801 München
Alle Rechte vorbehalten
Text: Petra Bachmann
Satz: Angelika Schön

ISBN 978-3-8458-2071-2

www.arsedition.de